阅

阅读成就思想……

Read to Achieve

讲好中国公益故事

社会组织公益传播案例集

董关鹏◎主编
崔　炜　陈春娟◎副主编

The Stories of
Public Welfare in China

中国人民大学出版社
·北京·

图书在版编目（CIP）数据

讲好中国公益故事 ：社会组织公益传播案例集 / 董关鹏主编 ；崔炜，陈春娟副主编. -- 北京 ：中国人民大学出版社，2022.10
ISBN 978-7-300-30937-8

Ⅰ. ①讲… Ⅱ. ①董… ②崔… ③陈… Ⅲ. ①慈善事业－案例－中国 Ⅳ. ①D632.1

中国版本图书馆CIP数据核字(2022)第152098号

讲好中国公益故事：社会组织公益传播案例集

董关鹏 主编

崔 炜 陈春娟 副主编

Jianghao Zhongguo Gongyi Gushi：Shehui Zuzhi Gongyi Chuanbo Anliji

出版发行	中国人民大学出版社		
社　　址	北京中关村大街 31 号	**邮政编码**	100080
电　　话	010-62511242（总编室）		010-62511770（质管部）
	010-82501766（邮购部）		010-62514148（门市部）
	010-62515195（发行公司）		010-62515275（盗版举报）
网　　址	http：//www.crup.com.cn		
经　　销	新华书店		
印　　刷	天津中印联印务有限公司		
规　　格	170mm×230mm　16 开本	**版　　次**	2022 年 10 月第 1 版
印　　张	13.25　插页 1	**印　　次**	2022 年 10 月第 1 次印刷
字　　数	191 000	**定　　价**	59.00 元

前言

讲好公益故事，传播慈善价值

习近平总书记提出，“要立足中国大地，讲好中国故事，塑造更多为世界所认知的中华文化形象，努力展示一个生动立体的中国，为推动构建人类命运共同体谱写新篇章”。当前，社会组织面临的媒体格局、传播方式等都发生了深刻的变化，如何讲好公益故事、做好公益传播、提升慈善品牌价值，已然成为社会组织的一个重要课题，也是社会组织积极拥抱融媒体时代、加强公益传播能力建设的必然要求。

2021 年，我提出编一本公益传播案例集，初衷是希望把公益慈善领域的优秀实践案例整理出版，尝试以传播的视角，分享大家在公益慈善领域讲好中国公益故事的重要经验与体会。《讲好中国公益故事：社会组织公益传播案例集》终于在各方的共同努力下和大家见面了。

这是一本关于公益传播的实践案例集，强调公益既要“做”好，也要“讲”好，而关于“讲”的能力与效果，则必须要全面提升。本书从新公益、新传播、新实践三个维度梳理公益传播在公益项目运作中的实践与探索。案例涵盖全国性社会组织、地方社会组织、行业协会、企业互联网募捐平台等共 15 家机构，具有鲜明的时代特点和代表性。案例包含社会组织在扶贫、济困、扶老、救孤、恤病、助残、救灾、助医、助学服务等领域的公益故事。在此，我们对撰写和提供公益案例的社会组织表示衷心的感谢！对提供出版帮助的中国人民大学出版社致以崇高的敬意和诚挚的谢意！

在编辑和整理这些案例的过程中，我们被深深地激励和感染着，我们希望将这些公益故事以及如何讲故事的经验分享给更多的人，汇聚更多的力量来推动公益慈善事业的可持续发展。我们期待，有更多人因我们有心、有情、有意的陪伴而完成更多高质量的传播工作。具体包括以下几点。

一是创新公益传播，讲好公益故事。加强社会组织和所有人的传播能力至关重要。面对5G全媒体时代呈现出“全程媒体、全息媒体、全员媒体、全效媒体”的机遇与挑战，公益传播的话语体系和叙事逻辑需要我们在内容、平台、IP和形式等方面全面升级、全面创新。本书详细介绍了公益项目的背景和意义，分析公益项目如何进行策划、执行和效果评价，最重要的是在运用公益传播的理念、方法和策略的基础上讲好公益故事。

二是推介慈善经验，动员社会参与。我们选取的案例突出公益传播在全媒体时代的前沿性、创新性和实践性。把传播工作做好，有利于动员社会各界支持公益组织和参与公益项目。只有持续关注和深入参与公益项目的社会力量越来越多，才会有更多需要帮助的人及时得到帮助，带动更多人一起做好事。对于公益项目，我们既要“做好”，也要“讲好”，只有持续加强公益传播，才能让公益融入生活，成为一种全新的生活方式。

三是聚焦公益前沿，做好价值传播。公益传播既是基于事实的“事实传播”，也是有情感加持的“情感传播”，更是弘扬社会主义核心价值观的“价值传播”。当前国内同类出版物稀缺，急需专业类的实用书籍。本书面向公益机构、企业基金会、行业协会，为它们开展公益项目宣传、策划提供有益的案例支撑，为高校传播学和公共管理学等教学和研究提供源自一线的基础资料。

写在最后，我们诚挚呼吁更多人参与公益，也欢迎大家参与公益的传播工作。期待有更多的高校科研机构、学者、企业家、公益组织从业人员参与到公益传播的研究行动当中，让我们携手努力做好公益慈善，讲好中国公益故事，汇聚慈善力量，传播慈善价值！

董关鹏

2022年盛夏于北京东城区外交部街家中

目录 | CONTENTS

第一部分　新公益篇

第二部分　新传播篇

第三部分　新实践篇

第一部分　新公益篇

让公益传播更美好

中国儿童少年基金会

中国儿童少年基金会（以下简称中国儿基会）成立于1981年7月28日，是新中国第一家国家级公募基金会，隶属于全国妇联。

中国儿基会以“让每个孩子都能拥抱出彩人生”作为新时代背景下的机构愿景，宗旨是在党的领导下，致力于推动儿童少年事业发展和促进儿童少年全面发展，为广大儿童少年平等享有美好生活创造更多机会。建会40年来，中国儿基会始终牢记“为党育人、为国育才”的职责使命，培育出了“春蕾计划”“安康计划”“新家长学院/全国网上家长学校”“儿童快乐家园”“HELLO小孩”等公益品牌。

1989年，中国儿基会推出并实施了旨在改善贫困家庭女童受教育状况的“春蕾计划”公益项目。32年来，“春蕾计划”始终紧跟时代发展和女童成长新需求，围绕女童教育、女童安全、女童健康等，开展了多形式服务。彭丽媛教授担任“春蕾计划”促进女童教育特使。

2000年，为呼吁全社会给孩子们提供安全健康成长的良好社会环境，中国儿基会推出了“中国儿童安全健康成长计划”公益项目（简称“安康计划”），主要在儿童安全、儿童健康与救助等方面提供帮扶。

2014年，全国妇联与中国儿基会共同推出“儿童快乐家园”公益项目，目标是助力解决农村留守儿童因与父母长期分离而在生活照顾、亲情关爱、安全保护、心理健康等方面产生的问题。

2015年，中国儿基会推出“HELLO小孩”项目，通过发放爱心套餐的形式为困境儿童和受灾害影响的儿童送去社会各界的关爱和问候。

40年来，中国儿基会始终不忘初心，坚守着一代又一代人薪火相传的爱与信念，缔造着一个又一个大手牵小手的温暖和奇迹，也不断向公众讲述因爱发生的美好故事，努力传播中国儿童慈善好声音。

本文针对慈善组织如何利用传播手段树立慈善品牌，如何在网络时代讲好慈善故事、如何吸引公众参与慈善活动、形成良好互动，以及引发社会关注等议题，讲述中国儿基会的思考，并通过对两个公益项目的传播案例分析，进一步阐释相关观点。

公益传播要向谁传播

传播的意义在于联结，通过各种媒介，把信息联结到人。而慈善服务的意义，大多也是联结，是人与人的联结，或人与物的联结。

例如，“春蕾计划”提供人与人的联结，要帮助困难家庭的女童获得更多教育机会。

又如，2020年初武汉出现新冠肺炎疫情，需要大量防疫物资，慈善服务要做的就是实现人与物的联结。

所有慈善机构无一例外，都在做人与人、人与物联结的服务，要搭建受助对象与政府部门、公众、企业之间的联系纽带，抑或平台。因此，向目标群体传播就是慈善传播的主要目的。但关于目标群体的选择是否需要区分这一问题，存在不同观点。有人认为要面向全体公众传播，有人认为要选择特定公众传播。我们认为，目标群体的选择取决于传播内容和目标，最终以最小的传播成本获得预期的传播效果。例如，中国儿基会的会刊主要用于向捐赠人展示项目实施成果和向潜在捐赠人介绍项目内容，以获得理念认同。从成本效率角度看，并不一定要向全社会刊发。在寒暑假发起大学生志愿服务活动，号召大学生利用假期参与公益服务，招募活动也无须通过社会媒体开展，而是要面向部分高校定向招募。但要传播某种慈善理念，就需要面向社会广而告之。所以，无论是慈善活动还是慈善项目，要搞清楚为谁服务、向谁动员。

公益传播要如何传播

从**慈善传播渠道**来看，要在不同的空间与时间触达不同的传播对象，需要不同的媒介实现各种联结。传播媒介有报纸、书刊、广播、电视，而当下的互联网传播又成为传统媒介之外重要的传播方式。慈善传播不仅是服务信息的传送，也是团队文化、机构使命与价值观的输出，传统媒介和互联网都要被充分利用。

新媒体承载时代特征，在互联网快速发展的客观背景下，其传播速度和范围都获得了质的提升，所以要高度重视互联网的独特作用，用好互联网，防范互联网传播可能带来的风险和挑战。

从**慈善传播环节**来看，可分为三个环节。

1. **团队负责人向团队成员传播的过程。**这个环节要实现的是团队理念认同，打造团队文化，要让所有团队成员知晓机构文化和价值观，确保传播导向。

2. **团队向直接受众传播的过程。**这个环节要实现的是项目解决受众痛点、满足受众需求，传播内容得到受众认可。如果项目执行完毕，受众还没有完全了解项目内容和意义，那么本环节的传播就是无效的。

3. **直接受众向间接受众传播的过程。**在这个环节中，如果项目做得好，它就会自然传播，口口相传。比如，有些志愿者在参加了“春蕾陪伴”成长营活动后，对资助活动有了新的认识，特别是从心理层面，会更多地站在受助人的角度考虑她们的感受。活动结束后，他们会非常用心地编辑文案，以图文并茂的形式在朋友圈、微博讲述感受，并动员身边亲友参加营会活动。

从**传播参与意愿**来看，我们希望看到经过机构的一次主动传播后，受众能自发进行二次转发，从而实现“病毒式传播”。曾经的“冰桶挑战”就是典型案例，它利用低门槛的互动式参与方式将公益传播娱乐化，通过参与者的自身人际网络将信息快速复制传向数以万计、数以百万计的受众。有些舆情事件就是病毒式传播的产物，但可以帮助我们从反面事件中总结出正面传播的经验方法。

公益传播的风险防范

传播本身是一把双刃剑。一次成功的传播意味着获得了更多的关注，其中有认同目光，也会有审视视角。“经得起推敲”无疑是传播的基本要求。要做到这一点，有三个准则。

1. **基于规则**。很多机构都有传播方面的制度，中国儿基会有儿童信息保护规定、信息公开制度、内容及文字审核责任制度等，但在传播中能将制度真正落实到具体工作中才是制定规则的目的。

2. **基于事实**。公众对机构或项目的认可在很大程度上依赖于传播，通过偶然了解公益信息、引起注意，再到产生共鸣。因此，从本质上讲，传播是构建公众与公益之间的信任关系的过程。而只有以事实为基础的信任关系，才是可持续发展的。一旦信任关系被打破，或许需要数年才能得以修复。

3. **基于准确**。在尊重事实的基础上，有目的地策划亮点、突出重点，可以巩固传播带来的信任。无底线地夸大事实、误导舆论，就是为舆情埋雷。在自媒体时代，稍有不慎，负面信息便会快速放大。

公益传播案例分析

CASE

案例一："春蕾计划"30 周年传播推广（2019 年）

（一）项目背景和意义

30 多年前，在我国部分地区，特别是贫困地区，儿童失辍学问题严峻。失辍学儿童中，女童占 2/3。以广西融水县红瑶为例，他们中曾流行"狗不耕田，女不读书"的谚语，1989 年以前未有一位女孩上过学、读过书。在这样的背景下，"春蕾计划"应运而生。它的诞生不仅切合了当时的国情，也回应了女童受教育权利这一世界性重大关切。

30 多年间，"春蕾计划"聚焦女童教育与发展，项目内涵与形式不断创新发展，大体经历了三个阶段。

第一个 10 年，主要资助贫困女童完成义务教育阶段的学业，对大龄女童开展实用技术培训。

第二个 10 年，在第一阶段基础上开始援建春蕾学校，项目的社会覆盖面进一步扩大。

第三个 10 年，结合女童新的需求，将助学范围扩展到高中、大学阶段，并开始实施春蕾教师培训、女童职业教育、女童保护、青春期守护、留守女童亲情陪伴等项目。

30 多年来，"春蕾计划"已募集善款逾 23 亿元，资助贫困女童超过 386 万人次。

2019 年正值"春蕾计划"实施 30 周年，为了充分展现"春蕾计划"的丰硕成果，中国儿基会围绕 2019 年 9 月 4 日"春蕾计划"促进女童教育特使彭丽媛教授出席的"倾听花开的声音——春蕾的故事"分享会和 10 月 10 日召开的"绽放在党的阳光下——春蕾计划 30 年成果发布会"两场重要活动展开了持续近50天的传播推广。在持续发挥主流媒体传播优势引起舆论广泛关注的同时，推出公益广告、发布公益短视频、精心策划创意H5，在新媒体平台引发网友关注和热议，收获了民众关爱女童的情感共鸣。

（二）公益项目策划、执行和效果评价

本次传播推广主要围绕9月4日的故事分享会和10月10日的成果发布会展开，两者间隔一个多月。如何在这段时间内保持舆论热度，成为本次传播必须要面对的问题。

为此，中国儿基会将宣传期大致分为了四个阶段：**预热期、引爆期、持续期和收官期。**

8月底至9月初为活动预热期。在本阶段让公众对“春蕾计划”有初步认知，了解项目是谁发起的，主要内容是什么，获得哪些成果。传播手段包括：联合腾讯公司策划推出“春蕾30年，感恩有你”创意H5，全面介绍“春蕾计划”整体情况；通过线上线下推出“春蕾计划”公益广告片，从助学、陪伴等方面深情讲述30年来感人的春蕾故事；结合暑假时间点，发布“五月天”乐团连续四年资助“春蕾计划”并邀请受助女童参加研学营的深度报道，为后续重点活动传播进行铺垫。

9月4日至5日为活动引爆期。4日，彭丽媛教授出席“倾听花开的声音——春蕾的故事”分享会。按照有关要求，活动传播仅限中国儿基会自媒体及全国妇联系媒体。但现场视频经中国儿基会官网和官方微博发布后，立刻引起微博网友关注，中国儿基会各项目爱心大使也加入了传播队伍。5日，“春蕾计划”作为新浪微博“人人公益节”的第一个项目推出，中国儿基会特别制作了两分钟短视频，由受助女童亲身讲述“春蕾计划”如何改变她们的人生，吸引了大量资助者和曾经的受助女童转发评论，单条微博阅读量达5505万次，视频播放量达968万次。央视新闻官方微博同步发起#寻找春蕾女孩#话题活动，单条微博阅读量达583万次，话题词阅读量达3130.3万次。仅一天时

间，#春蕾计划#、#寻找春蕾女孩#话题词阅读量新增2.27亿次。5日当晚，第六届“CCTV慈善之夜”晚会在CCTV-1、CCTV-12频道播出，“春蕾计划”被授予“CCTV年度慈善”特别奖。

9月6日至10月初为活动持续期。按照传播规律，舆论热度时长为2~3天，如何将引爆期积累的关注度持续到10月初的成果发布会，是这个阶段需要考虑的问题。一方面，发挥中国儿基会在主流媒体传播上的优势，邀请新华社、《人民日报》《光明日报》《中国日报》等重量级媒体发布“春蕾计划”实施30周年成果综述；另一方面，利用名人明星的社会影响力，邀请中国儿基会各项目爱心大使，通过录制视频、线上互动的方式，带动粉丝群体共同加入项目传播队伍。

10月初至中旬为活动收官期。10日，“春蕾计划”成果发布会活动当天上午，《人民日报》官方微博发布武警官兵资助广西红瑶女童视频微博，为成果发布会召开进行预热。当晚，《新闻联播》对活动现场内容进行了报道。11日至13日，央视国际频道和新闻频道、中国国际电视台、中国教育电视台等多家电视媒体，《人民日报》《中国日报》等传统纸媒及大量网络媒体利用各自的传播优势，进行新闻播报、深度评论、视觉专版等立体化、多角度的宣传报道，亮点纷呈，为“春蕾计划”实施30周年的传播工作画上完美句号。

据不完全统计，9月1日至10月13日，涉及“春蕾计划30周年成果发布”相关信息传播总量达123.7万条。中国儿基会官方微博发布的有关彭丽媛教授出席“倾听花开的声音——春蕾的故事”分享会的短视频微博单条博文阅读量达6603万次，单条视频播放量达2137万次。

（三）项目公益传播中的理念、方法和策略

1. 主流媒体高度关注，央媒为宣传报道主力

“春蕾计划”30年来取得的成果备受中央媒体和地方主流媒体关注，舆论

高度肯定项目的重要作用，《人民日报》、中央电视台深度报道，中国国际电视台、《中国日报》、新华社英文通稿线路等播发相关内容。传播重点如下：

（1）聚焦“春蕾计划”30年成果发布会，全方位展示30年间取得的成果。重点阐释了项目助学范围从义务教育阶段拓展、项目范围延伸，逐步形成了关爱女童教育、安全、健康全方位的资助体系以及所取得的广泛社会影响。

（2）聚焦报道“春蕾计划”受助女童自强不息、成长成才的个人经历。广西红瑶第一位女教师凤桂鲜、第一位女医生兰芝琳、首届首都“春蕾班”毕业生房卫萍等众多“春蕾计划”受助女童都在用行动诠释着“自强不息、向上向善、追求美好”的春蕾精神，在平凡的岗位上成就出彩人生，并将爱心接续传递。

（3）回望“春蕾计划”发展历程，介绍社会各界支持参与情况。30年间“春蕾计划”捐赠呈现高速增长，捐赠企业（单位）从27家增长至750余家，爱心捐赠个人从23人发展至2700万人次，其中有老一辈革命家、空军、武警部队官兵、爱心企业，更多的是心怀大爱的普通人。

（4）高度评价“春蕾计划”项目的重要作用和历史意义。《人民日报》视觉专版“爱心润春蕾，花开别样红”称，在党和政府的高度重视和关怀下，“春蕾计划”搭建起各民族间友爱互助的桥梁，向世界展示了改善女性受教育状况的中国探索。

2. 社交媒体广泛讨论，网友参与热情高涨

“春蕾计划”30年成果除了被主流媒体关注报道外，还在各大门户网站、社交媒体平台广泛传播。大数据分析显示，9月1日至10月13日，微信公众号内容涉及“春蕾计划”成果发布相关文章阅读总量超过200万次，点赞总量超1.4万次。微博话题#春蕾计划#新增阅读量7.2亿次，累计阅读量达10亿次、讨论量达338.8万次；#寻找春蕾女孩#话题词阅读量达3130.3万。微信公号、微博传播具体情况如下：

（1）微信公众号聚焦彭丽媛教授出席分享会相关内容，呼吁更多人成为公益项目的助力者。随媛札记、女性之声、中国儿基会微信公众号等众多微信公号报道彭丽媛教授出席“倾听花开的声音——春蕾的故事”分享会，众多网民自发感谢“春蕾计划”30年来的相伴和关爱。

（2）微博平台“短视频+暖心公益+名人效应”助推传播量级持续走高。9月4日，中国儿基会官方微博发布彭丽媛教授出席“倾听花开的声音——春蕾的故事”分享会短视频的微博；9月5日至11日，央视新闻官方微博连续发布“暖心！有书读，就是天亮了”等三条短视频；10月10日，《人民日报》官方微博发布《是你们，让她有了不一样的人生》短视频。#春蕾计划#话题引发大量网民关注，传播热度急剧飙升，仅微博平台视频播放量达7000多万次。

（3）“春蕾30年，感恩有你”创意H5进一步扩大宣传辐射范围和舆论影响力。中国儿基会联合腾讯公司推出“春蕾30年，感恩有你”创意H5策划。除生动的故事情节、手绘画面，还特别加入“关爱”互动环节，充分调动网友参与活动的积极性，同时通过“守护花蕾”“举手分享”模块，调动网友转发积极性，形成“亲友圈”传播热潮，进一步扩大宣传辐射范围，增强传播效果。截至10月14日，“春蕾30年，感恩有你”创意H5累积曝光量近800万次。

（4）全国妇联系媒体、新媒体矩阵联动。各级妇联共同传播春蕾好声音，全国妇联所属多个新媒体端口持续一个半月与中国儿基会的一网两微进行矩阵式联动传播“春蕾计划”30年实施成效。“女性之声”、《中国妇女报》新媒体累计阅读量超过2070万人次。

3. 跟进线下传播渠道，拓展触达受众

与以往线下广告位呈现不同，在影院广告资源运营商分众晶视的支持下，3个版本的“春蕾计划”30秒公益广告片登陆全国91个城市的630家影院，作为映前广告在4943个放映厅播放了1 293 603场次，累计播放超过1万小时，触达观众 5160 万人次。

总结和思考

“春蕾计划”30 年成果传播活动，达到了“传播快、质量高、创新强”的效果，相关经验做法值得总结。

1. **把握传播节奏。**为了应对较长的传播活动周期，宣传不能一股脑地单项输出，而要注重节奏，让传播有亮点、有爆点、有持续度。

2. **传播形式多元化、渠道立体化。**创新推出正能量明星宣传视频、创意 H5 策划等年轻化的宣传方式，正顺应当前互联网传播趋势，有效扩展了受众范围、提升宣传效果。通过与中央主流媒体、互联网流量平台充分协作，在全网形成多层次、多角度的宣传声势。

3. **拓展传播内容深度、广度。**以“情”动人，唱响爱的主旋律，凝聚正能量。大量“春蕾计划”受益者故事充分呈现项目丰硕成果，增添了报道的生动性，引起了广泛共鸣。

4. **国际传播上有突破。**看准公益精神无国界、公益故事暖人心等利于对外传播的特点，与官方主流外宣渠道合作大力报道春蕾故事，以小见大阐释“春蕾计划”的多重社会意义，助力树立良好的中国海外形象。

CASE

案例 2：开展驰援河南防汛救灾工作（2021 年）

（一）项目背景和意义

2021 年 7 月下旬，河南省遭遇极端强降雨天气，给当地造成重大人员伤亡和财产损失。中国儿基会认真贯彻落实习近平总书记对防汛救灾工作的重要指示精神，按照全国妇联部署和要求，紧急启动了驰援河南公益行动，倡导社会各界通过奉献爱心向灾区儿童及家庭提供食物、饮用水、卫生用品等亟需物资。截至8月18日，共募集款物合计6132.73万元，落实款物合计5671.28万元，执行率为92.48%。捐赠和采购的物资已全部送达河南各受灾地区，紧急救援阶段工作结束。未使用的捐赠资金按照捐赠方意愿，根据灾区需求，用于灾后重建工作。

（二）公益项目策划、执行和效果评价

1. 迅速响应，为受灾儿童及家庭筹措款物

7月21日上午，中国儿基会启动救灾应急机制，全员进入战时状态。第一时间通过官方微博、微信公众号发布募捐信息，为河南灾区儿童及家庭开展募捐工作：在腾讯公益、支付宝公益、淘宝公益等网络平台上线筹款项目；向救灾联盟成员单位、以往的捐赠者及潜在捐赠者发出募捐倡议。短短10天时间里便动员80多家企业、20多万爱心网友和个人参与捐赠。截至8月18日，共募集款资金2099.22万元，物资4033.51万元。7月22日晚，首批2000箱牛奶已送达巩义市米河镇受灾儿童手中。随后，一批批满载着党的关怀和社会温暖的食品、手电、蚊帐、消杀用品等物资陆续送达郑州市、周口市、安阳市、新乡市、焦作市等灾区，受到了儿童及家庭的欢迎，得到了各级妇联干部和志愿者们的肯定。

2. 前后联动，派出工作组深入灾区一线

为及时把救援物资送到灾区儿童手中，7月23日，中国儿基会领导班子召开救灾专题会议，决定派出由三位同志组成的前方工作组赶赴河南。7月25日工作组与河南省妇联研究部署协同开展救援工作后，先后赴郑州市、巩义市、周口市的西华县和扶沟县、安阳市、新乡市、焦作市的武陟县和修武县等受灾严重的8个市县17个乡镇村及安置点。前方工作组在本次救灾工作中发挥了重要作用：一是帮助提升儿基会与各工作相关方的沟通效率；二是监督物

资接收发放，保证相关工作时效性；三是直接采集或委托妇联采集发放图片，为向捐赠方及时反馈和公众传播打下了基础；四是及时反馈灾区需求情况、当地救灾动态等情况，为救援工作研判提供参考。

（三）项目公益传播中的理念、方法和策略

中国儿基会第一时间通过官网和官方微博发布为河南洪灾地区儿童及家庭开展募捐活动的公告，并通过官网、官方微博以及主流媒体、地方媒体对救灾工作进行了持续跟踪报道，在传播上打出了一套组合拳。

一是把官网作为信息公示主阵地。在官网上对捐赠 10 万元（或等价物资）以上的捐赠方，以单条捐赠新闻的形式进行报道，共计发布 50 条信息，重点展示捐赠方的大爱善举、社会责任意识和公益情怀；在官网上实时发布包括物资发货、运输、接收、发放等进展消息，保持活跃的更新状态；制作驰援灾区动态专题页面，汇总中国儿基会所有救援信息，详细披露款物落实情况，披露维度包括捐赠单位、使用金额、拨款时间、资金用途、捐赠物资品种及数量、送达时间、接收单位等。

二是把微博作为传播发布重要平台。通过官方微博发布包括捐赠企业、捐赠物资、接收及发放情况等第一手信息，力争实现募捐及实施全流程公开透明，还及时发布前方工作组在一线收集的相关素材，增强与捐赠方和广大网友的互动。

三是联动新闻媒体、地方妇联宣传报道。中国儿基会邀请多家主流媒体、地方媒体、行业媒体及时进行救灾情况报道，支持媒体包括《光明日报》《公益时报》《中国妇女报》《河南日报》《河南经济报》、河南信息广播、中国网、周口日报、网易新网、中原经济网、焦作广播电视台等。联动地方妇联新媒体矩阵参与传播，支持账号包括河南省妇女儿童发展基金会公众号、鹤壁市妇联公众号、巩义市妇联公众号、嵩县妇女之家、安阳女声、周口妇女、巾帼汝阳，等等。

（四）总结和思考

做好救灾宣传报道及捐赠企业反馈事关基金会公信力建设和美誉度提升。如何在救灾中“把好事说好”，结合本次救灾传播工作的实践，有如下思考。

一是要将宣传工作纳入灾害救援工作的整体部署。救灾涉及的信息公示、传播等工作，需要统筹各部门在应急指挥领导小组统一部署下密切配合、紧密沟通，才能保证相关工作及时高效完成。

二是专业力量十分重要。救灾中，妇联工作人员和志愿者及时提供照片、视频等传播素材存在客观困难，请他们协助进行后续宣传报道十分不易。如仅靠当地妇联联系本地记者进行报道，稿件影响力也有限。因此，从提升传播效果和服务捐赠企业的角度建议，未来在开展重大灾害救援工作时，可邀请来自传统媒体和新媒体的文字记者、摄影记者与前方工作组同行，实时宣传报道，实时生产传播素材，传播效果会更好。

公益项目视角下的品牌构建与传播

中华少年儿童慈善救助基金会

中华少年儿童慈善救助基金会（以下简称“中华儿慈会”）于2010年1月12日在北京成立，是我国具有民间色彩的全国性公募基金会。中华儿慈会以“让全国少年儿童在同一片蓝天下健康成长”为愿景，以“以慈为怀，从善如流，呵护未来，促进和谐”“人人助我，我助人人”为理念，多年来通过募集社会资金、开辟民间救助渠道，不断为社会上无人抚养的孤儿、流浪儿童、辍学学生、问题少年和其他有特殊困难的少年儿童提供了生存、医疗、心理、技能、成长等多方面的救助。

中华儿慈会成立以来，经历了改革、探索、发展、整顿、管理等方面的实践，伴随着自身的成长与发展，受到了社会各界的关注，赢得了人们的信任。募款总额突破35亿元，其中个人捐款占比近70%；救助了全国31个省、市、自治区的困境少年儿童700多万人。

中华儿慈会“童缘”“9958儿童紧急救助”“孤儿圆梦红包”项目分别获得民政部第七、第九、第十届“中华慈善奖”荣誉称号。

2015—2019年，中华儿慈会在腾讯公益发起的“99公益日”活动中，筹款总额获得公募基金会排名“五连冠”的成绩。

2018年，中华儿慈会获得“中国慈善榜”并列第一、“中国慈善信用榜”民间筹款型慈善组织榜首、中基透明指数（FTI）并列第一等殊荣。

2019年1月，2018中国最透明慈善公益基金会排行榜发布，中华儿慈会入选最透明慈善公益基金会。

2019年4月28日，第十六届中国慈善榜在北京发布，中华儿慈会荣获“年度榜样基金会”荣誉称号。

2019年12月17日，界面新闻推出2019中国最透明慈善公益基金会排行榜，中华儿慈会以满分成绩位列其中。12月19日，基金会中心网“2019中基透明指数FTI发布会”在北京举行，在全国参与评分的基金会中，中华儿慈会以满分100分并列排名第一，这也是其连续第七年获得满分；同时，中华儿慈会还获颁“自律透明奖”。

2020年6月16日，第十七届（2020）中国慈善榜在北京隆重发布，中华儿慈会再获“年度榜样基金会”称号；中华儿慈会自主项目“瞳爱救助中心”荣获2020年中国慈善榜年度慈善项目；中华儿慈会自主项目9958儿童紧急救助中心“小天使重获新生计划”获选2020年中国互联网公益峰会活力推荐入围项目。

此外，中华儿慈会还先后获得“中国传媒公益推动力”“中国公益组织信息披露卓越组织奖”“微公益三周年最杰出奖”“中国公益项目大赛百强奖”“中国公益慈善项目大赛（实施类）金奖”“2014点燃希望年度公益项目”“十大公益项目风尚榜样”等奖项。

这里选取中华儿慈会成立以来具有代表性的项目，通过分析项目情况以及思考总结，以期交流慈善经验，传播慈善理念，弘扬慈善文化。

CASE

案例1：“瞳爱救助中心”项目

（一）项目背景和意义

儿童阶段的眼病对视力发育危害极大，如果不能及时发现并给予专业的医疗干预，就会成为不可逆转的终身疾病，影响儿童的一生。在我国大部分乡村，因经费、管理及意识等因素，很多学校较少为学生提供眼部视力检查，对于有眼病的孩子家长没有渠道、没有能力带他们检查视力，不能及时发现问题。

数据显示，小学阶段近视人数占27%，初中阶段近视人数占54%，高中阶段近视人数占78%，其中仅有不足1/6的学生配了近视镜。20%的农村医生、51%的学校校长、70%的家长和74%的学生认为近视不是问题。53%的农村学校没有组织学生进行视力检查，缺乏近视防控措施。38%的县级医院没有眼科医生，农村基层医院没有验光配镜服务。

（二）公益项目执行和效果评价

1. 项目执行

中华儿慈会联手慈善组织、教育民政卫生等公共机构、眼科医院眼科医生及社会爱心人士开展护眼知识科普，为0 ~ 18岁的少年儿童进行筛查义诊，经过医院复诊后对患有不同眼病的患儿开展眼病救助，并建立公益视光中心，通过线上、线下相结合的方式开展活动。经过专家赋能、明星倡导，“瞳爱救助中心”项目具有较强的社会影响力。

2. 效果评价

93.88%的家长认为“瞳爱救助中心”项目对孩子的视力带来了可观的改善，有94%的孩子视力在矫正后有所提升，平均视力提升0.46。从长远来看，项目延缓了受益儿童近视的发展。

（三）项目公益传播中的理念、方法和策略

1. 传播理念

劝募不仅仅是劝捐钱，更是要让别人知道这件事，达到人人皆可参与公益的目的。同时，执行和善款如何使用需要公开透明。因此，公益项目的劝募与执行都需要靠“传播”来解决。

2. 传播策略

打造公益项目品牌，建立项目人设，整合营销传播。

3. 传播方法

（1）定好项目的品牌基调。

- 分析受众。
  - 受助对象：患眼病及健康青少年儿童。
  - 劝募对象：社会大众、共情群体、产业链相关企业（眼镜商等）。
- 主形象：积极阳光的帮扶对象，并将其提炼为项目 IP。
- 倡导语：用爱点亮瞳心。
- 项目定位：社会倡导、知识科普、眼病患儿救助、配镜等视光服务。

（2）实施项目传播。

- 新闻事件营销：关注社会热点，找出与项目关联点，通过媒体渠道展开传播。如疫情期间学习光源新闻，开展为乡村儿童筹台灯的项目。
- 线上线下结合发起活动：围绕主题同步开展线上与线下的互动活动，如穿针挑战、蒙眼挑战等，让普通人体验视障困境。
- 情感故事表达：收集项目救助和帮助过的孩子，发现细微的生活困难，记录他们的改变过程，真实呈现给受众。
- 口碑和影响力：影视明星和体育明星助力，专家、政协委员和人大代表共同倡导。
- 互联网公益平台：通过腾讯公益、支付宝公益、阿里巴巴公益、新浪微公益等互联网平台发起筹款，影响捐赠人了解项目的发起、运营及实施支出的进展，增强互动与公信力。

（3）持续的传播运维。

- 联结用户：用户的积累与服务同步，保持用户长期关注和持续资助。
- 品牌维护：持续强化公益项目的人设，深入优化图片、倡导语、主题活动。
- 创新拓展：利用短视频、直播、KOL 打造全新的推广形式。
- 升级建设：扩大平台规模，带动更多社会资源投入项目。

（四）总结和思考

公益需要社会力量的注入，传播是带动更多人参与最直接有效的方法。公益项目也需要品牌化运营，逐步成熟并具备自身的品牌影响力，获得大众持续的关注和信任，这样才能顺利稳健地开展劝募与公益活动。

CASE

案例 2："9958 儿童紧急救助"项目

（一）项目背景和意义

中华儿慈会紧急救助部以党的十八大、十八届三中和四中全会精神为指导，以贯彻落实《社会救助暂行办法》为主线，从公益慈善组织的责任和社会组织服务的角度协助开展困境少年儿童的"救急难"工作，旨在推动社会救助体系的完善，补充困境少年儿童群体的各类需求保障，促进中国慈善事业健康发展。中华儿慈会紧急救助部的工作实施领域为医疗、卫生健康、灾害救援和志愿者服务等，开展各项儿童医疗网络救助工作、儿童疾病紧急救治通道服务、儿童大健康医疗服务和灾害救援志愿服务等工作。同时，建立健全信息共享和困境儿童"救急难"工作机制，紧跟政策走向，协同各种合作协会和民办非企业组织等社会力量共同深入推进社会救助工作，并联动中华儿慈会其他领域形成资源整合模式，灵活、快捷、有效地实施紧急救助部的救助工作。设立

“9958 儿童紧急救助”项目，热线号码为 400-006-9958（谐音“救救我吧”），以“竭尽可能满足孩子在疾病治疗和成长中的需求，并给予孩子爱的温暖”为宗旨，坚持“救急、救命、快捷、实效”的原则，救助在各种困境中急需救助的少年儿童。

（二）公益项目策划、执行和效果评价

9958 救助中心成立于 2012 年，隶属于中华儿慈会自主品牌项目，服务于 0 ~ 18 岁的困境少年儿童群体，整合“资讯信息服务、筹资渠道服务、救助执行服务”三大功能。以“9958 儿童公益平台”为核心发起的运营模式，设立有儿童“医疗救助、关爱工程、融合教育和保护联盟”四大项目，致力于儿童“生存权、保护权、发展权和参与权”的提升和完善。其设立的求助、志愿者加入及捐赠热线也是中国第一条儿童紧急救助热线，被誉为民间儿童医疗救助的“120”。

目前，9958 救助中心主要设立了 50 多个合作项目并进行了精细化救治，搭建 9958 儿童紧急救助通道网络和全国救助分中心 25 家；拥有合作医疗专家顾问 100 多名（国家级院士 3 名），合作医院 135 家，充分发挥资源信息整合平台和快速紧急救助机制的优势，希望改善政府慈善救助“摊子大、需求大、救急难”的问题，针对社会上的困境儿童尤其是大病贫困患儿实施有效救助。

9958 救助中心也始终秉承全透明公益理念，力行救助全程公示，运行大病救助精细化道路，整合医疗救助资源，推动政策导向，打造中国民间最具实效性的困境儿童紧急救助平台。

9958 救助中心 2020 年全年受益患儿达 13 892 人次。9958 救助中心通过不断地整改工作流程，全方面培训全国各团队的救助流程和规范，其制度和救助流程得到了全面改良和显著进步，更加正规和严谨，减少了舆情的发生。

9958 救助中心现有“暖心护童急救行动”“蝴蝶 angel 守护计划”“疤痕天使急救行动”等子项目 29 个，涵盖了儿童救助的众多领域。通过“9958 儿童紧急救助”项目在线自媒体平台（网站、微信、微博等）进行项目动态传播以及推动政策的倡导宣传，线下进行各类公益活动拉动社会大众人人公益的参与度并带动项目的募款，同时将儿童发展和保护的知识进行宣传普及。并与央视 12 频道、央视 4 频道等大型媒介进行深度合作，通过纪录片、社会话题讨论等形式传播“9958 儿童紧急救助”项目的社会意义和公益价值。

9958 救助中心积极进行项目评估，对救助群体施行电话回访、跟踪回馈，定期进行实地回访活动，观察救助效果，收集样本，完善救助模式。邀请权威公益评估机构进行数据分析和社会价值等各方面的研究评估，把研究评估结果向大众公示，并向上级主管部门民政部定期提交项目评估报告。运用内部信息化管理系统定期给捐赠人发送项目动态信息与互动信息，让捐赠人及时、清晰地了解项目动态，了解善款使用情况；定期组织捐赠人代表与孩子们的互动活动，让捐赠人更直观地了解“9958 儿童紧急救助中心”项目的运作模式与救助情况，亲身体验参与公益的乐趣。

（三）项目公益传播中的亮点

亮点一：提升医疗 NGO 组织自行造血功能。9958 救助中心通过深入腹地的网络，地毯覆盖式地搭建医疗管道和困境群体的紧急救助体系，提供募款资源和平台运营服务，培训地方团队的专业力量，形成从上到下的集募款、救治、传播于一体的通道，推动各地草根医疗救助组织的发展。

亮点二：加强大数据库建设和信息化管理。9958 信息平台的前沿病源入口积累大量具有极高研究价值的儿童社会问题的数据信息，对政府推动民间儿童救助资源整合具有巨大的服务价值，逐步的信息化管理（捐赠人服务等）可对未来进行民间资助型战略转型奠定良好的基础。

亮点三：辅助政府在儿童领域进行政策的改进和完善。“9958 儿童紧急救助”项目充分发挥公益组织、媒体和医院三方的优势，实现了资源的互补，运用专业经验和对大病救助领域实际需求的深入了解对儿童发展和保护的政策进行精细化分类和理念倡导，发挥公益整合平台对政策的影响力。

CASE

案例 3：爱心家园救助中心

（一）项目背景和意义

为巩固国家精准脱贫攻坚成果，为小康社会奉献力量，不让孩子被疾病和医疗费所困，避免患儿家庭因病致贫、因病返贫，帮助孩子们健康快乐成长，在疾病救助领域深耕儿童青少年重大疾病的公益救助工作，中华儿慈会打造了公益项目矩阵。该矩阵涵盖了医疗科普、优生优育、疾病预防、疾病筛查、大病医保、医疗费紧急救助、生活补助、患者关爱、医务社工、爱心小家、共享厨房、心理疏导、舒缓治疗等全流程。

（二）公益项目策划、执行和效果评估

中华儿慈会爱心家园救助中心创建于 2002 年，是由志愿、无偿为社会提供义工服务和困难儿童救助的各界人士组成的非营利民间公益组织。多年来，该中心一直秉承“让关爱成为一种习惯”的宗旨和理念，开展医疗救助、助学支教、志愿服务等公益慈善项目，运用专业管理团队，秉承全透明的公益理念，开展救助全程公示，致力于帮助少年儿童获得健康平等的童年生活，助力于实现人人公益的美好未来。

截至 2021 年 11 月，爱心家园救助中心涵盖如“益呼百应·为爱前行”“让留守娃快乐奔跑”“肿瘤血液病紧急救助”等 17 个正在进行的子项目。

截至 2021 年 5 月 27 日 12 点，爱心家园救助中心共筹集善款总额 402 695 293.73 元，支出善款 295 954 576.72 元，助医项目救助大病患儿近 5000 人，助学项目直接帮扶困境儿童 56 000 多人，覆盖湖南、贵州、四川、西藏等地的 500 多所学校，受益 1 430 000 多人次；共募集物资 1000 多万元，组织和号召 40 000 多名社会志愿者，开展了 4000 多场公益慈善活动，奉献志愿服务时间 4 000 000 小时以上。

爱心家园救助中心自成立以来，救助众多患儿，公益助力成效和影响良好，获得众多社会肯定。

- 2012 年，荣获北京市政府“践行雷锋精神北京榜样奖”。
- 2012 年，荣获北京慈善义工协会“最美慈善义工十大榜样团队”。
- 2012 年，成为北京市政府“敬老爱老为老服务示范单位”。
- 2016 年，其血液病救助项目荣获“2016 年中国公益节年度公益项目奖”。
- 2018 年 12 月 9 日，其大病救助项目荣获凤凰网行动者联盟“2018 年度十大公益项目”入围奖。
- 2019 年，荣获第八届中国公益节“2018 年度公益践行奖”。
- 2020 年，在中国互联网公益峰会中获得“活力推荐筹款非公募机构奖”。
- 2021 年，其“十元救助白血病宝宝”项目在中国互联网公益峰会中提名“年度推荐——活力慈善奖”。

此外，创始人匡莉芳（茉馨）还荣获北京市政府颁发的 2012 年度首都慈善奖——“慈善行为楷模奖”“湖南省首届十大网络公益人物奖”、第三届中国公益春晚“榜样中国十大爱心人物奖”“2017 年中国公益年度人物奖”。

（三）项目公益传播中的理念、方法和策略

1.“99 公益日”与爱心家园一起让爱出圈

在腾讯“99 公益日”期间，爱心家园救助中心邀请各位自媒体伙伴、企业、合作机构，其中包括：愿意通过善款捐赠、团队建设、线下倡导等方式展现社会责任担当，践行公益，为困境儿童发声的爱心企业；拥有公众号、服务号、视频号的自媒体伙伴，愿意通过共同创作或联合发声，借助图文、短视频等方式，为饱受疾病困扰或偏远山区的困境儿童发声的自媒体人；此前没有和爱心家园救助中心有过合作，同样为 0 ～ 18 岁困境儿童发声的救助机构，尤

其是在医疗救助领域有多年倡导经验的家长组织等。

爱心家园救助中心借助腾讯公益平台，联合自媒体、爱心企业、公益组织等资源，达到多方位、多视角的传播目的，有效提升爱心家园救助中心知名度与公信力，使更多社会成员参与到项目中。

2．“治愈小家”项目入驻字节跳动公益平台

2021 年 11 月，中华儿慈会爱心家园救助中心成立“治愈小家”项目。该项目旨在帮助解决患儿及其家庭初到陌生城市就医时所面临的食宿及生活问题，为困境患儿及其家庭提供家一般的过渡居所，帮助患儿顺利就医，同时提供多方面活动以缓解患儿家庭生活压力、心理压力等，如发放健康包、节日问候、举办生日会等，并通过整合医疗救助资源、联结社会力量，构建全面系统的大病儿童救助体系，增强儿童健康服务的公平性、可及性，实现儿童就医问题从“看得起”到“看得上”，再到“看得好”的过程转变。

在公益传播方面，“治愈小家”项目入驻字节跳动公益平台，捐赠者为公益项目捐赠爱心之后，可以得到一张电子版的捐赠证书，并可查到参与的公益项目的详细捐赠记录。自媒体人也可在发布视频时带上公益项目的链接，为公益助力。

CASE

案例 4：“回家的希望”项目

（一）项目背景和意义

中华儿慈会“回家的希望”项目成立于 2011 年 10 月，以 2011 时尚芭莎明星慈善夜的善款为启动资金，致力于救助帮扶打拐被解救困难儿童、专注被拐儿童救助帮扶及儿童安全成长领域的公益项目支持，并关注留守儿童赋能，通过对贫困地区学校进行教学物资支持，改善留守儿童成长环境，通过传承传统民族文化赋予留守儿童家庭团聚希望。

（二）公益项目策划、执行和效果评价

1. 打拐被解救困难儿童救助

儿童被拐，家庭面临的是灭顶之灾。由于孩子被拐，原生家庭受到的伤害无法修复，家庭破裂、寻子家长患上精神类疾病、寻子致贫等现象极为常见，因此在孩子被解救回来后，依旧团而不圆的状况也成为常态。

“回家的希望”项目致力于帮扶打拐被解救困难儿童家庭。在被拐儿童由警方解救回家之后，“回家的希望”项目提供资金支持，帮助因寻子而致贫致困的原生家庭重建，帮助被解救回来的孩子重新融入原生家庭。

打拐被解救困难儿童救助标准为 3 万元 / 名，分三笔直接拨付给被解救孩子家庭。

2.“宝贝守护计划”儿童安全反拐宣传活动

在对被拐儿童进行救助的过程中，我们发现 80% 以上的拐卖案件都是由于父母的防范意识薄弱，给了人贩子可乘之机。而我们在调研中也发现，因父母、儿童安全意识薄弱造成的儿童走失导致的后果不仅仅有儿童被拐，还有溺水、被害、交通事故、意外事故等。

在结合国内外防走失教育的经验，并与各地公安打拐办、妇联、幼儿园、小学等进行了为期一年的项目测评后，“回家的希望”项目推出“宝贝守护计划”儿童安全反拐宣传活动，以“儿童安全反拐演习 + 小课堂”的形式对全国范围内的 3 ～ 8 岁儿童进行儿童安全防走失宣教。利用演习加深孩子和家长对于儿童走失风险的认识，利用小课堂巩固防走失相关知识。此种形式还曾登陆央视新闻《守护明天》专题节目。

2016 年“回家的希望”项目推出反拐题材儿童剧，旨在通过生动的表演形式传播儿童安全常识，提醒家长和儿童增强保护意识。目前已公演自有剧《回家的希望之魔幻森林大逃亡》、合作剧《回家的希望之霹雳帕拉要回家》。

3. 青春不留痕：多一堂关于青春的课

2018 年 3 月以来，“回家的希望”项目组接收到的救助个案中，含多例 10 ~ 16 岁未成年人被拐骗个案，未成年人被拐骗发生率呈明显上升趋势，因此项目组筹划启动针对 10 ~ 16 岁未成年人反拐骗宣传教育课程。该课程从心理学的角度开发易于 10 ~ 16 岁未成年人接受的互动型课程，培养孩子对亲密关系的认知及与陌生人交流、交往时如何识别及规避可能的风险，同时引导孩子及学校家庭关注心理健康。

4. 民间寻子寻亲机构支持

设立子项目“宝贝回家之万家团圆”，支持“宝贝回家”志愿者协会，帮助寻找失踪儿童及孩子寻家，为寻亲的孩子、家长及志愿者提供一个信息沟通的平台。为困难认亲家庭提供寻亲路费、遭受意外的救助、困难家庭救助和生活费补贴等，开展打拐志愿者培训，对民间打拐志愿者服务帮扶寻子家庭进行统一培训。支持开展认亲活动、寻亲大会及志愿者排查走访等。

5. “关爱宝贝”贫困助学

针对“宝贝守护计划”服务区域里的有生活困难的儿童设立“关爱宝贝”定向助学项目，以每人每月 100 元的标准帮扶困难儿童解决生活费问题。

6. 关注留守儿童赋能

设立子项目关注留守儿童家庭赋能，通过对贫困地区学校进行教学物资支持改善留守儿童成长环境，通过支持传承传统民族文化等推进乡村建设，赋予留守儿童家庭团聚希望。

（三）项目公益传播中的理念、方法和策略

1. “宝贝守护计划”直播间

2021 年 8 月 18 日上午，中华儿慈会“回家的希望”项目组在视频号平台进行直播，以“‘拐’孩子我们有一套”为主题开展了时长两个小时的直播活动，通过聊天的方式与大家唠唠“拐”孩子的那些事。工作人员为大家简单介绍了“宝贝守护计划”儿童安全反拐宣传活动开展前期的调研数据，推出“宝贝守护计划”项目的原因，以及“宝贝守护计划”儿童安全反拐宣传活动的过程，呼吁大家关注支持“宝贝守护计划”项目，重视儿童安全反拐教育。在直播过程中，分享了许多关于“宝贝守护计划”的有趣的故事，令直播间的许多网友忍俊不禁，纷纷参与互动。截至 2021 年 12 月，“宝贝守护计划”儿童安全反拐宣传活动已在全国 24 个地区开展了 5854 场活动。由于疫情，考虑到人员安全，并响应安全防疫工作，各地执行机构的活动处于暂缓状态。这个活动数据总体上一直呈增长趋势，欢迎大家参与“宝贝守护计划”项目，为守护儿童安全成长贡献一份力量。

可以看到，中华儿慈会“回家的希望”项目组通过“直播 + 公益”的形式，更好地向公众传播了公益项目的内容与意义。随着大众对公益直播接受程度越来越高，“公益 + 直播”的优势逐渐凸显。从形式上看，相较于传统的文字、音频媒体，直播的实时性使其更为真实，解决了公益中信任的问题。所见即所得，观众可以直观地了解到公益的进程和效果，让公益活动更有信服力。从效果上看，直播能在相同成本下做到更大面积的传播，让公益行为不仅能形成示范效应，还能提升企业的形象，传播正能量。

2. 支付宝爱心商家可参与“宝贝守护计划”

“回家的希望”项目推出支付宝爱心商家申领“希望胶带”活动，支付宝收款二维码也可以做公益。项目组将失踪儿童的信息印制在快递胶带上，与物流行业合作，借助其强大的运输能力与传播能力，使得这些失踪儿童的信息能够在全国进行扩散，为失踪儿童寻求一张回家的票，为那些不放弃寻找亲人的家庭增加一分希望。

“希望胶带”是余光中的船票，能让孩子拥抱家的温暖，是哆啦 A 梦的任意门，能让孩子不用再因为找不到家的方向而备受煎熬，是孩子和亲人之间的一息血脉，哪怕山高水长，孩子也要回家。截至 2021 年 10 月，“希望胶带”

已发出 9 万余卷，扩散失踪儿童信息 1070 条。

（四）总结

中华儿慈会从事公益活动具有以下亮点。

- 始终坚持民间性、资助型、合作办的理念，累计支持超过 500 个中小型公益组织。
- 多种培训全方位助力合作伙伴能力提升。2020 年，中华儿慈会仅针对“99 公益日”的培训就超过 32 场。
- 全透明的运营服务理念渗透到每一个公益项目中，开启人人公益的社会影响力。
- 发起“百万人才培养计划”，全方位助力合作伙伴能力提升。

守护成长，创造希望

中国下一代教育基金会

教育是国之大计，教育公平是社会公平的基石。2013 年，一粒教育公益的种子落地生根——教育部关心下一代工作委员会、中国下一代教育基金会和清华大学附属中学（以下简称“清华附中”）共同发起“中华英才培养计划”项目，旨在统筹优质教育资源，对欠发达地区的学生进行联合培养，让这些地区的孩子享有平等受教育的机会，促进教育公平。九年来，项目每年从欠发达地区遴选优秀学生作为“中华英才培养计划”学员，对他们进行持续五年的爱国主义、综合素质、学科知识等方面的教育培养，通过综合培养，促使他们在思想品德、学习能力、自主能力、创新意识、知识眼界等方面取得了长足发展和显著提升。

借此，我们心怀感恩，向长期以来关心中国下一代教育基金会、支持“中华英才培养计划”的公益伙伴和社会公众介绍“中华英才培养计划”的开展情况，分享项目实施中的理念和做法，共同展望“中华英才培养计划”新的美好愿景。

CASE

案例：“中华英才培养计划”项目

（一）项目背景和意义

党和国家一贯高度重视教育事业发展，在缩小城乡差别、促进义务教育均衡化等方面取得了显著成就，教育公平和质量实现了较大的提升。同时我们也看到，与新时代、新要求、新期盼相比，教育事业的发展还面临一些挑战，教育发展不平衡、不充分问题仍然突出，城乡、区域和群体差距依然存在，农村地区、边远贫困地区教育教学条件和水平有待进一步提高，在进一步实现教育公平、教育均衡上还有很长的路要走。

在调研中，我们发现许多家境相对贫困、有天赋和潜能的孩子被淹没在茫茫的应试教育题海之中，难以接触优质教育资源并接受科学系统的教育培养。社会上，“寒门难出贵子”也成为舆论关注的热点现象，北京大学教育学院刘云杉教授在统计分析 1978 年至 2005 年近 30 年间北京大学学生的家庭背景时发现，1978 年至 1998 年，来自农村的北大学子比例约占三成，20 世纪 90 年代中期开始下滑，2000 年至 2011 年，考上北大的农村子弟只占一成左右。清华大学人文学院社科 2010 级王斯敏等几位学生在清华大学 2010 级学生中做的抽样调查显示，农村生源占总人数的 17%。那年的全国高考考场里，农村考生的比例是 62%。

“苦累都不怕，最怕的是没机会。”《人民日报》曾就弱势群体生存状况做调查，有人如是感慨。人民时评“同在蓝天下，共享教育公平”一文中指出，多数农村学生在教育方面面临三个不够公平：一是起点，比如有调查称，农村孩子有条件接受学前教育的不足 40%；二是过程，农村孩子无法像城市孩子那样，有机会参加各种兴趣班，以及享受到发达、充足的信息优势；三是结果，一些重点高校集中于大城市，对当地生源的招收比例较大。

缩小城乡教育差距，促进义务教育均衡发展是教育事业发展的重要战略部署，人民群众的呼声和期盼，也是大力发展素质教育的必然要求。

在这样的背景下，“中华英才培养计划”项目应时而生。该项目由教育部关心下一代工作委员会、中国下一代教育基金会、清华附中共同发起，中国下一代教育基金会中华英才培养专项基金具体组织实施。自 2013 年至今，该项目先后在云南省、四川省、甘肃省、吉林省、河北省、青海省、山西省、重庆市、贵州省、陕西省、浙江省、宁夏回族自治区、广西壮族自治区、内蒙古自治区的64个欠发达市县组织开展遴选活动，选出350名品学兼优的学生成为“中华英才培养计划”学员，这些孩子从初一暑期开始连续五年利用假期时间免费到清华附中及其一体化学校参与教育培训活动。

“中华英才培养计划”以共享优质教育资源，助推欠发达地区学生梦想起航为初心，是中国下一代教育基金会坚持为党育人、为国育才方针，坚持立德树人的根本任务，坚持需求导向，应需施策、精准滴灌，设计开展的教育公益扶贫项目，也是百年名校——清华附中积极探索教育改革创新，切实承担社会责任，让更多的学子分享优质教育资源，发挥示范和辐射作用而开展的公益活动。

“中华英才培养计划”的诞生，高度契合了欠发达地区少年儿童的教育需求，积极回应了贫困学子平等接受优质教育这一重大关切。

（二）公益项目策划、执行和效果评价

带着使命、带着责任，在全社会的支持下，“中华英才培养计划”一步一个脚印，一路走来，交出了这样一份成绩单：9年时间，从14个省市自治区64个贫困市县中遴选出350名优秀学生到北京参加培训；超过6000人次的学员和200余名领队教师赴清华附中一体化学校进行学习、培训；开设课程近300门，组织学生活动200多个，学员提交心得感想8000多份；其中的一些优秀学员考入中国人民大学、北京师范大学、浙江大学、复旦大学、北京航空航天大学、中央财经大学、四川大学、同济大学、北京化工大学、西安交通大学等高校；近30家单位和爱心人士为项目进行捐助。

1. 项目策划、执行情况

（1）多维遴选，全面考察。“中华英才培养计划”项目面向欠发达地区，每年由教育部关心下一代工作委员会发文支持进行遴选，所选学员为品学兼优的初一在校生，本人和父母均为农村户籍。

遴选分为初选和复选两个阶段，初选由清华附中一体化学校教师出题，题目内容以学生所学知识为范围，项目县组织本县学生统一进行选试，初选成绩前 15 名进入复选。近两年由于疫情原因，部分项目县学生无法在县内统一集中选试，因此通过线上形式，依托中华英才培养基金在线测评系统对学生进行初选。复选以夏令营的形式进行，清华附中中华英才培养基金的教师亲赴项目县组织学员开展复选夏令营活动，通过综合能力测试、逻辑思维测试、心理测评、面试、才艺展示、日常表现、研学活动等，利用线上线下相结合的形式对学员进行多方面考察，根据学员各方面的成绩和表现情况，各项目县复选出综合排名前 5 名的学生入选“中华英才培养计划”学员。

（2）多元培养，资源共享。项目活动由清华附中一体化学校及全国优秀教师对入选学员进行全面性、多元化、多层次的集中培养，学员每年参加一次集中面授课程培养，平时在原学校通过“中华英才空中课堂”进行在线学习。中华英才培养基金组织学校优秀教师为学员提供学习、生活、思政、创造性思维等方面的培养，为学员创造一个多元化的学习空间，引导学员树立正确的人生观、价值观，帮助学员提升综合素养、全面发展、成长成才。在学习培训期间，项目安排学员在第一年就与清华附中一体化学校的志愿家庭结对进行交流学习。集中学习培训期间，学员入住志愿家庭，与结对伙伴一起上课、参加活动，两人互相学习，共同进步。

每年暑期的夏令营，中华英才培养基金的教师为来北京参加活动的学员分年级设置不同课程，以满足学员的学习需求和个性化发展需要。根据新高考形式和政策，学校提前统计新高三学员选科情况，根据学员选科情况为每名学员安排走班教学，有针对性地进行高考总复习学法指导，并在课后详细了解学员上课状况，开展教学指导内容和方式的满意度调查，确保所有学员能够在有限的时间内充分汲取知识。同时，项目开设了综合实践活动课程和生涯规划课程，为学员开展针对性的专题讲座，对学员的未来高考志愿、职业规划等进行专业指导。

项目遵循教育规律和学生身心发展规律，针对不同年级阶段的学员设计了具有针对性、指导性、前瞻性的学习培训体系，推行启发式、探究式、参与式、合作式教学。

初二年级开设语文、数学、英语三个学科初中学法指导课程，同时开设赴天安门、故宫博物院、长城、首都博物馆、中国科技馆等地系列研究性学习活动，让学员打开眼界，拓宽知识面。

初三年级开设语文、数学、英语、物理四个学科中考学法指导课程，同时开设摄影、美术创作、动画制作、创意思维、电影鉴赏等兴趣活动专题课程，还安排了探索北京历史文化、中草药研究、地质灾害形成探究等研学活动。

高一年级开设语文、数学、英语三个学科初高中衔接课程，以及物理、化学、生物三个学科实验探究课，争取让这些因为原学校实验室条件落后无法完成所有实验的学员能够完整完成初中年级所有实验课程，同时还开设形体、汽车模拟驾驶、篮球、手工彩绘、音乐欣赏与演出、美术创作与欣赏、程序设计等科技艺术体育美育等专题活动。

针对高二年级学员，根据学员选科情况为学员开设相关学科课程，对学员进行高中学法指导，保证学员对学科内容的学习需求，同时开设传统文化研究、3D 打印、模拟雷电发射、音乐鉴赏等提高科学、人文、艺术素养的相关活动，激发学员创新意识，提升其审美和人文素养。

截至 2021 年 12 月，项目为学员先后开设了近 300 门课程，组织学生活动 200 余个，收集学生课程学习报告及活动感悟 8000 余篇。

（3）科技助力，持续发展。为提升“中华英才培养计划”信息化水平，增强项目教育教学和管理的连续性、完整性，方便学员随时随地获得优质教育资源，开展信息化自主学习，项目搭建了“中华英才空中课堂”网络平台，邀请清华附中一体化学校优秀教师为学员录制初高中各学科课程，所有课程均采用视频、课件与作业相结合的方式，让学员能够在观看视频时留存听课笔记，并通过课件、学案等进行辅助学习，课后完成作业巩固课堂内容。项目为每名学员都发放了平板电脑，用于“中华英才空中课堂”在线学习。学员每年假期到清华附中一体化学校进行集中培养，平时使用平板电脑通过“中华英才空中课堂”网络平台在线学习相关课程，这满足了学员个性化、精准化、持续化的学习需求。

“中华英才空中课堂”网络平台的搭建，将优质教育教学资源精准输送到各地区，同时保证了学员全年与中华英才培养基金的教师保持密切联系，持续接受清华附中的教育培养。平台跟踪记录学员每一次的在线学习情况、参与各项课程及活动情况、活动期间的表现等，在学员结束五年系统培养后，平台为每名学员出具完整的学习成长档案。同时，平台通过大数据的记录分析，根据教师授课、学员学习、作业提交等情况，持续改进和完善教育教学方案，为今后项目发展、学员培养打下良好的基础。

为积极应对新冠肺炎疫情影响，项目在 2020 年暑期采用了学员在本地远程参加在线课程学习的形式。学员通过登录“中华英才空中课堂”网络平台账号学习本年级课程，也可以复习或预习其他年级课程。通过空中课堂，学员在疫情防控形势下继续共享清华附中的优质教育资源，持续学习，取得进步。

（4）社会动员，爱心奉献。“中华英才培养计划”项目的实施，离不开社会各界爱心人士的大力支持。自 2013 年项目发起，先后有近 30 家单位和爱心人士为项目进行线上课程、现金和物资的捐助，支持项目的实施发展。

汉能控股集团的志愿者专程参与项目活动，为学员进行清洁能源的专题讲座，带领学员开展各项活动。

农工党西苑医院总支部的医生每年自发为入选学员进行爱心义诊，提供健康指导，守护学员们的身体健康。

清华附中一体化学校的教师、首都高校大学生志愿者以及社会各界爱心人士，都持续参与到活动中，为学员安排各类课程，组织各项活动，保证活动的顺利开展，为项目顺利执行做出了巨大贡献。

2. 项目效果评价

项目实施九年来，每年通过填写活动调查问卷、第三方评价统计、教师随机询问、向学员所在学校教师了解情况、到项目县对学员进行家访等形式，对学员的学习情况、心理健康、参与活动积极性、对活动的期望等方面进行调研，对项目后续的改进提高有了更多的设想与规划。

通过实地走访和调研发现，学员通过参加培训，接受更优质的教育资源，在学科课程方面接触到更丰富的知识，在学习技巧、解题思路、思维发展、创新意识等方面得到发展和提高，同时拓宽了知识面，在学习方法和态度上也发生了明显改变。特别是通过参加各类项目活动，学员的眼界和心胸更加开阔，原本性格内向的学员开始积极参加学校各项活动并主动在自己学校创建社团活动等，且愿意面向全校师生分享自己参加活动的感想和收获。学员家长对于孩子每年参加活动非常支持，他们普遍认为这样的活动给孩子提供了优质的教育资源，创造了和全国各地学生一起学习的机会，孩子在参加活动后变化非常大，不仅增长了知识、开阔了眼界，而且通过感受其他地区学生的优秀，也激励自己更加努力和上进。

入选学员在参加活动的第一年，会与清华附中一体化学校的同年级学生结对，进入结对伙伴的班级学习，同时入住清华附中学生家庭，共同学习生活两周时间。调研发现，双方学生的相处，对学员和清华附中学生的触动都很大，他们互相学习、互相观摩、互相交流、互相切磋、互相促进，共同进步、共同提高。

通过对学员连续五年参加活动的调研发现，学员们通过一系列的学科课程、拓展性课程和相关活动，对自己的知识水平、学习能力、学习兴趣等有了更清晰的认识，增强了自信心，在性格、心理方面都有了一定的转变，对未来的目标认识更清晰，对达成目标的信念更坚定。

参与活动的学员中，大部分在参加中考时以优异的成绩考入了当地优质高中或所在省、市示范高中，成绩在当地整体偏上。目前第一至第五届学员已经完成全部五年的培训活动，其中第一至第四届学员已经参加完高考。这四届学员中的大部分都考入了理想的大学，选择了心仪的专业。可以说五年的培养对这些学员的成长起到了积极的促进作用，学员们取得了可喜的成绩。

（三）项目公益传播中的理念、方法和策略

在“中华英才培养计划”的公益传播中，中国下一代教育基金会和清华附中积极树立融媒体传播思维，不断巩固维护以传统主流媒体为主阵地、以网络新媒体为新战场、以网站和微信公众号等自媒体为支撑的三位一体传播体系，广泛传播共建共享的教育公益理念，努力讲好中华英才培养故事，在全社会营造关心关注欠发达地区教育发展、关爱保护困境学子的良好环境。

1. 项目层面

每年项目遴选期间，项目组都在遴选地区广泛发放项目宣传册，帮助当地教育部门、学校、老师、学生和家长广泛了解项目情况和实施成效，为项目实施营造良好环境和条件。在每年的冬令营活动中，清华附中都会邀请学校初二年级学生与“中华英才培养计划”入选学员进行结对学习，搭建起不同地区、学校、环境孩子间一座座友爱互助的桥梁。每次活动后，中国下一代教育基金会和清华附中官网、基金会和中华英才培养基金微信公众号等自媒体平台都会编发活动信息，新华网、搜狐网、环球网等主流媒体对项目活动给予大力宣传报道，让爱心企业、爱心人士和社会公众更加关注了解“中华英才培养计划”。千江水（北京）文化传媒有限公司连续多年对项目活动进行全程跟拍，记录学员在参加遴选、赴京培训、结对学习等各方面的成长过程，为活动留下了详细的照片和视频资料，并在 2018 年制作了“中华英才培养计划”五周年宣传片，进一步加大了宣传力度，增强了项目的社会影响力和美誉度。

项目自实施以来多次荣获优秀公益项目奖项，入选 2017 年北京市小微志

愿服务支持计划，并被评为“优秀项目”，2019年被评为首都最美志愿服务项目。

2. 学员层面

经过教育培养，“中华英才培养计划”的学员无论是从学习上、心理上，还是从生活上、观念上，都有了改变和提升。

如今，一批又一批学员已成长成才，他们努力学习、奋力拼搏，用行动诠释着“自强不息、向上向善”的奋斗精神，获得了一个又一个人生出彩的机会，充分彰显了社会主义制度的优越性和祖国大家庭的温暖。

在2020年中国下一代教育基金会十周年总结大会上，“中华英才培养计划”第一届受益学员代表，来自甘肃省会宁县的胡展玮同学，代表项目受益学员发言。胡展玮介绍称，当年的自己只知道读书考大学可以走出小镇，去往大城市，所以目光只集中于书本，用之前的热词来说，就是“小镇做题家”。

通过“中华英才培养计划”，胡展玮连续五年每年都有机会到清华附中学习。他回忆，那时在清华附中学习每次都会安排语文、英语及数理化等学科，不管是艰深晦涩的文言文，还是让人挠头的圆锥导数，抑或是各种二三级推论，老师们总能带来深入浅出的讲解，许多时候都让他有茅塞顿开、恍然大悟之感。同时，在清华附中学习的日子里，胡展玮和附中的一名同学结伴，共同上课，一起回家。他认为这种体验和收获是极其宝贵的。

通过“中华英才培养计划”，胡展玮提升了学习能力，增长了知识，学习目标也更加明确。通过不懈的努力，胡展玮考入了北京航空航天大学。他实现了自己的第一个梦想，正在向更高更远的梦想努力拼搏。

3. 地区层面

“中华英才培养计划”的每名学员积极向上的转变，都会在平时的学习生活中影响到自己班级中的其他学生，从小范围的辐射，逐渐影响到班级内更多的学生，进而带动整个班级班风的转变。一个班级的转变，可能就是投入大海中的一颗石头，只能影响周围一点海水的波动，但是随着几年的积累，投入的“石头”越来越多，越来越多的班级发生着转变，而班级的转变会逐渐影响到一个年级、一所学校。这个过程是循序渐进的，同时也是扩大的、积极向上的。

随着项目覆盖到越来越多的地区，入选项目的学员人数逐年增加，整个项目带动了更多的班级与学校。一所学校校风、理念的转变，会引起周围学校的效仿与跟随，进而带动整个地区在教育理念、教育方式方法上的改变和提高。

（四）总结和思考

我们在“中华英才培养计划”近10年的实施过程中，不断形成和坚持六个原则。

一是坚持服务党和国家工作大局。围绕助力脱贫攻坚，落实立德树人根本任务，培养德智体美劳全面发展的社会主义建设者和接班人，以困境学子助学为重点，有效阻断贫困的代际传递，为落实科教兴国、人才强国战略发挥积极作用。

二是坚持弘扬社会主义核心价值观。加强理想教育、道德教育、法治教育、劳动教育，帮助学员养成良好的道德品质、法治意识和行为习惯，形成积极健康的人格和良好的心理素质，引领学员坚定理想信念，培育和践行社会主义核心价值观。

三是坚持“大仁爱、大慈善”的公益理念。受助学员及其家庭、教师和学校、爱心单位和人士、项目管理者和志愿者等，越来越多的人和组织加入其中，奉献爱心、传递友善、服务社会，弘扬社会主义文明新风尚。

四是坚持科学设计实施项目活动。大力推进教育理念、内容、方法创新，遵循教育规律和学生身心发展规律，尊重个体差异，设计开展不同层次、不同深度、不同内容的课程和活动，循序渐进地促进学员身心发展。

五是坚持促进受助学生健康成长。积极促进学员全面发展、健康成长，引导他们树立理想，增强自信，以梦为马，不负韶华，让一个又一个困境家庭充满希望、一批又一批学员成长成才，成为敢于追梦的奋斗者、新时代伟大事业的建设者。

六是坚持公信力原则。始终依法依规实施，注重项目实施质量及社会效益，坚持资金募集透明、管理透明、资助透明的原则，公正公开，阳光运作，已经成为中国下一代教育基金会的重要品牌项目。

经过近 10 年的实践，“中华英才培养计划”不断总结、不断改进、不断提高、不断探索前进。回望来时路，整装再出发。接下来，我们将以习近平新时代中国特色社会主义思想为指导，深入贯彻落实习近平总书记关于教育事业、慈善事业、关心下一代工作的重要论述精神，把坚持立德树人、培养德智体美劳全面发展的社会主义建设者和接班人作为根本任务，在认真总结项目实施所取得成绩经验的基础上，通过继承与创新，进一步动员、凝聚社会资源，持续深化项目内涵，突出教育均衡、精准帮扶和学生综合素质提升等重点，积极引导广大学员自立自强、努力学习，成长为能够担当民族复兴大任的时代新人。

我们期待着，将有更多的“中华英才”在党的关怀和社会各界的关心支持下，沐浴在爱的阳光中，人生更加出彩，更加灿烂。

做得好更要说得好，公益传播的 N 次方

中华社会救助基金会

中华社会救助基金会（简称“中华救助”）是民政部首批认定的具有公开募捐资格的慈善组织，2009 年 1 月经民政部批准登记设立。十余年来，中华救助一直坚持党的领导，践行社会主义核心价值观，汇集海内外华人爱心，弘扬中华民族传统美德，救助城乡特困群体，促进社会救助事业发展，服务社会和谐文明。在许嘉璐理事长的带领下，中华救助秉承“帮老弱者安生，助贫困者自强”的使命，开展了扶贫济困、助教助学、大病救助等各类公益项目。截至 2021 年 9 月，累计筹集善款超过 20 亿元，受益人群达数百万人。

2021 年，中华救助新十年战略业已开启，基金会围绕“服务弱势人群，共创美好生活”的愿景，以“诚信、专业、高效、服务”为核心竞争力，以“纯粹、平等、合作、快乐”为机构文化，携手社会各界力量，唤醒灵魂善意，共同打造“各美其美、美人之美、美美与共”的美好社会。

目前，中华救助实施的专项基金和公益项目共计 42 个，其中自主项目 8 个，联合个人、企业或机构发起的专项基金 27 个、公益项目 7 个。此外，中华救助与腾讯、新浪、支付宝、京东、字节跳动、B 站、芒果、360 等近 20 家网络筹款平台全面深入合作，截至 2021 年 9 月，已支持全国各地 500 多家社会组织合作开展了近 1500 个公益项目。

从农业革命到工业革命，再到信息革命，时代从未停止颠覆性创新的脚步；从苹果颠覆手机行业到淘宝颠覆零售行业，再到特斯拉颠覆汽车行业，全

球商业和管理模式从未停止颠覆性创新；从朴素慈善到传统公益，再到数字化公益，公益行业也从未停止颠覆性创新。

据 2021 年 9 月 17 日国务院新闻办公室举行的“扎实做好民政在全面小康中的兜底夯基工作发布会”公布数据，截至 2020 年底，全国社会组织共有 89.4 万家，是新中国成立初期的 2 万多倍，是改革开放初期的 180 倍。全国登记的慈善组织达到了 9480 个，净资产近 2000 亿元。注册的志愿者已经达到了 2.09 亿人。据民政部印发的《“十四五”社会组织发展规划》，截至 2020 年底，全国社会组织固定资产 4785.5 亿元，吸纳就业 1061.8 万人。各类社会组织广泛参与脱贫攻坚，实施扶贫项目超过 9.2 万个，投入各类资金 1245 亿元；积极参与疫情防控和复工复产，累计接受社会各界捐赠资金约 396.27 亿元、物资约 10.9 亿件。中央财政设立支持社会组织参与社会服务项目，累计投入资金 15.8 亿元，直接受益对象 1300 多万人次。另据《慈善蓝皮书：中国慈善发展报告（2020）》测算，2019 年我国社会公益资源总量为 3374 亿元，其中 2019 年社会捐赠总量约为 1330 亿元，互联网捐赠、慈善家的大额捐赠以及福利彩票公益金是国内慈善资源最主要的增长点。

在这些庞大的数字成就背后，公益环境仍然面临着重重挑战。宏观上，互联网公益的相关法律法规尚不完善，全社会对公益的认识和普及度不够，公益文化教育的深入、研究、跨界程度不够；中观上，互联网筹资平台和各类公益主体的协同仍然存在着一些实操矛盾，公益主体之间竞争激烈、资源内卷，各地发展不平衡；微观上，公益机构普遍缺乏资金、人才、资源、渠道，心有余而力不足。

2020 年初，中华救助新十年发展战略出台，基金会从发展型向成熟型转变，从相对单一的专项基金服务模式转变为脱贫攻坚之后聚焦“老、少、弱”相关社会救助问题，围绕扶弱助困、教育助学、医疗救助等领域广泛开展各类公益项目。

2020 年新冠肺炎疫情暴发后，众多公益项目线下活动一度停止执行，众多一线社会组织合作伙伴生存发展更加困难。一方面，基金会战略要求发展自主品牌项目；另一方面，每一笔项目资金的使用可丁可卯，宣传推广费用几乎为零，基金会与一线伙伴和受助人之间被筑起高墙，公益品牌推广尚难，更何谈破圈？

CASE

案例 1：公益执行效用的 N 次方——腾讯公益 & 中华救助“春暖行动”

（一）项目背景和意义

2021 年 2 月 8 日，腾讯基金会捐助近亿元，携手中华救助等十余家慈善机构，联合国家有关部门，发起“春暖行动”公益项目。项目旨在通过捐款、捐物等方式，帮扶受疫情影响的刚脱贫、革命老区、疫情严重地区的乡村困境群体，给予多维度的援助，“在春天送出一份温暖”。

2021 年的春节是后疫情时代的第一个春节，是脱贫攻坚胜利后全面乡村振兴的第一个春节，也是迎来建党百年的第一个春节。在这种特殊的背景下，帮扶疫情冲击之下的困境群体，尤其是疫区，是最好的春节暖意；帮助疫情冲击之下的乡村困境群体，是对全面乡村振兴的有力回应；帮扶革命老区的困境群体，是对建党百年最好的纪念与初心。

（二）公益项目策划、执行和效果评价

腾讯公益 & 中华救助“春暖行动”项目精准定位广西大化、都安、南丹等 11 个县以及四川马尔康市、叙永县和重庆彭水县，共覆盖当地 5000 余名低收入家庭的困境学子，每人发放 1720 元春暖补助金和一套温暖新衣，项目慈善款额 1000 万元。

自 2 月初“春暖行动”项目设立以来，中华救助成立专项小组和审核小组，对申请“春暖行动”项目的学生信息及证明材料进行准确性、完备性、真实性等的审核。到 3 月末，“春暖行动”春暖新衣部分已经基本执行完毕。

项目组联动广西壮族自治区扶贫办、四川叙永县团委及文旅局、四川马尔康市教委及文旅局、重庆彭水县教委及文旅局提交了“春暖行动”学生信息表并进行了审核；联动广西、四川及重庆14个县市的一百余名志愿者参与了春暖新衣的发放及家庭回访工作。项目组前后派出四组工作人员分别到广西壮族自治区、四川马尔康市、叙永县、重庆彭水县等项目实施地进行项目执行培训与督导；共进行了四次项目执行远程培训。

此外，项目组制作了《春暖行动公益项目书》，对项目的必要性、运作模式、执行流程、效果分析、宣传、预算等做了详尽的阐述；还制作了《春暖行动学生信息收集表》《春暖行动审核表》《春暖行动新衣签领表》《春暖行动肖像权使用授权书》《春暖行动公益活动必读须知》《春暖行动函件模板》《春暖行动执行活动检查单》等数十种与项目相关的文件模板。“春暖行动”项目整体执行比较顺畅，到2021年5月，项目全部执行完成。

项目策划初期，中华救助依托强大的一线执行管理能力，2月6日第一时间执行并提供大量项目照片、视频等一线素材，为腾讯公益项目宣传片贡献了大部分内容，助力腾讯公益项目迅速落地。

项目执行中期，充分调动资助地方扶贫办、文体局、村委会、学校、一线社工志愿者等资源，执行丰富扎实的内容，撬动腾讯新闻、《人民日报》、环球网、凤凰网公益等媒体，并通过《中国社会报》的关注在民政部官方网站宣传。

项目执行后期，中华救助从10家与腾讯公益合作的基金会中脱颖而出，项目执行地马尔康市被央视网挑选为直播所在地，同时东兰县被腾讯公益挑选为闭幕式所在地。该项目充分实现了通过执行力撬动二次、三次传播，形成了N次方的品牌效应。

（三）项目公益传播中的理念、方法和策略

本次“春暖行动”项目前期有9家外部媒体及机构进行报道，发声媒体涉

及《人民日报》、环球网、凤凰网公益、《公益时报》等央媒、地方及行业媒体，还有基金会自媒体发布平台3家，稿件共16篇，短视频发布平台7家，稿件共41条，微博共发布22条。视频图文浏览量共计158万+，整体传播覆盖220万+人次。后期，项目的执行与收官仪式还获得央视12套《热线12》栏目直播曝光，在央视频、新浪微博、腾讯新闻、风直播、今日头条、西瓜视频平台进行同步直播，通过各方媒体加持，总传播声量破亿。中华救助现场讲述“春暖行动”在马尔康市与广西各地的执行故事，见证老区乡村振兴新征程。

本次项目通过受助人（孩子、支教老师）、志愿者、项目故事、革命红色历史等多元角度，利用简讯、长图文、短视频、直播等多种形式，结合公益自媒体KOL、官媒、平台、地方政府等多方力量，围绕“春暖行动”项目的主旨精神，根据活动的前、中、后期节奏，进行执行披露、阶段性总结，共同讲好项目公益故事，传递温暖与希望。

（四）总结和思考

本次“春暖行动”项目，基金会成立专项组和审计组，在保证项目专业性的前提下，反应迅速、执行扎实，覆盖广西大化、都安、南丹等11个县以及四川马尔康市、叙永县和重庆彭水县5000多名低收入家庭的困境学子。

在全国脱贫攻坚胜利、全面乡村振兴、建党百年的背景之下，项目覆盖地区包含曾经的“三区三州”地区以及红色革命根据地，宣扬、见证了百年老区乡村振兴的历史发展成果，通过多元传播，获得了腾讯公益、腾讯新闻的支持和推荐，央视12套《热线12》栏目、央视频等多家平台的直播曝光。

活动项目整体依托良好的策划与执行力，通过透明、及时、有效的反馈，从而达到了“政府+基金会+志愿者+自媒体+官媒+央媒”N次方的项目品牌翻倍效果。

CASE

案例 2：做得好和说得好——中华救助抗洪行动传播盘点

（一）项目背景和意义

2021 年 7 月 16 日河南省出现强降雨引发洪水灾情以来，根据习近平总书记对防汛救灾工作做出的重要指示，同时贯彻民政部部署推进全国民政系统防汛救灾和疫情防控工作的会议要求，中华救助在党支部的领导下，秘书处第一时间成立了联合救援组，结合多方力量于 7 月 20 日一早便联动平澜救援队抵达一线，全面开展紧急救援、物资支持、灾民转移、水灾退后消杀防疫等各项工作。

（二）公益项目策划、执行和效果评价

截至 2021 年 8 月 24 日 22 时，中华救助已通过腾讯公益、新浪微公益、支付宝公益、水滴公益、阿里巴巴公益、京东公益等互联网公益平台联动公众筹集善款 49 388 662.42 元。另外，腾讯公益慈善基金会向中华救助捐赠 700 万元救灾资金；北京七星生态集团有限公司向中华救助捐赠 100 万元；固安捷贸易有限公司向中华救助捐赠价值 43 万余元的沙袋、手套、口罩、雨靴、安全帽等救援工具物资；北京神州极泉商贸有限公司向中华救助捐赠价值 8.6 万元的北极泉饮用天然矿泉水，助力河南水灾救援。

截至 2021 年 8 月 27 日，中华救助驰援河南水灾行动累计筹资（含物）总额 5940 多万元，已拨付执行 51 379 013.46 元，总受益群众超过 118 万人。

1. 项目策划、执行

此次行动整体分为两目标三阶段。

（1）目标一：紧急救援阶段群众生命及生存保障。

（2）目标二：安置阶段针对一老一小一弱的帮扶。

（3）阶段一：紧急救援阶段。7 月 22 日—30 日，派出多支救援队前往河南

灾区（郑州、新乡、安阳等地）进行紧急救援及群众转运，并发放生存物资保障箱。

（4）阶段二：物资保障阶段。7 月 29 日—8 月 30 日，针对灾区受灾群众，以乡镇 / 社区为群组，进行一老一小一弱生存空间灾后消杀、清障、修缮等，并联合心智障碍康复机构、听障康复机构等针对特殊群体发放不同类型的恢复生活保障物资包，同时对受援村进行宣传和有针对性的专业培训。

（5）阶段三：应急能力提升。9 月 1 日—30 日，在河南 20 所以上学校开展校园应急能力提升项目，为学校配备基础减灾设施，并通过应急安全小课堂的形式，对学生进行基础应急抗风险能力培训。

2. 项目效果

项目围绕生命救援、生命保障、防疫消杀等方面开展救援工作，累计覆盖郑州市、登封市、新乡市、辉县市、安阳市所辖的 94 个乡镇、4 所医院 / 养老院、13 所学校，总受益群众超过 118 万人。

在生命救援与生命保障方面，共发放粮油 66 950 份、方便面 30 100 箱、饮用水 50 460 件、火腿肠 26 050 箱、生活包 71 810 个、八宝粥 100 件、卫生用品 4 箱、家庭保障箱 6000 个、耆乐箱 2000 个、发电机 180 台、污水泵 46 台、清尘救灾包 113 份，排污 40 万立方米，惠及 50.41 万人，转移、救援受困群众 7872 人。

防疫消杀方面，共覆盖消杀区域包含郑州市火车站，新乡市、辉县市等乡镇、村屯、学校，以及其他公共区域 94 个，发放弥雾机 1123 台，安装净水机 50 套，防疫培训 15 个乡镇 439 人，消杀面积 950.7 107 平方公里，惠及 68.4 万人。

（三）项目公益传播中的理念、方法和策略

1. 专业精准、及时透明

中华救助的本次救援主要面向受灾群众中的“老、少、弱”三大群体进行

生命救援及生存质量保障，基金会联动平澜等专业救援队伍，将水灾救援行动整体分为紧急救援、安置保障和应急能力提升三个阶段，开展阶段性帮扶工作。

基金会围绕救援进展、人物故事、话题活动等层面进行宣传，共发布236条次水灾相关信息：其中共剪辑视频9条，编辑图文164条，发布救助进展公示19条，官网上线“驰援河南水灾”专题。

基金会通过图文自媒体平台（官网、微博、订阅号、服务号、腾讯新闻号）、短视频平台（抖音、快手、B站、视频号、小红书、企鹅号、微视、淘宝逛逛）等渠道，并联合凤凰网公益、腾讯新闻、《公益时报》等媒体助力发声，水灾报道期间，浏览量共计300多万次，整体传播声量覆盖610多万人次。

2. 多方联动、多元响应

中华救助号召专项基金合作伙伴也积极参与水灾援助行动。

2021年7月21日，北京病痛挑战公益基金会特别开通“河南洪灾罕见病家人援助通道”，与河南罕见病家庭共同面对灾害。中华救助关爱抗战老兵公益基金也于当天及时排查确认65位受助抗战老兵一切安好。22日，中华救助联合大爱清尘基金发起“救助河南洪灾中的尘肺病农民家庭项目”，为河南地区500户受灾的尘肺病农民家庭紧急提供清尘救灾包。

（四）总结和思考

1. 做得好

中华救助之所以在筹资、执行、反馈、传播等方面均运行顺畅，关键在于以下几点。

（1）**联合优秀、专业的救灾合作伙伴。**灾情发生后，中华救助联合北京平澜公益救援队、天津蓝天救援队、伊川县神鹰救援队、山西临汾市尧都蓝天救援队、河南辉县应急救援队、安阳应急救援队、邯郸中安应急救援队、唐县唐尧救援队、邯郸山岳应急救援队等 13 支救援队伍 241 名救援人员及 2247 名志愿者，围绕生命救援、生命保障、防疫消杀等方面开展救援工作，覆盖郑州市、登封市、新乡市、辉县市、安阳市所辖的 94 个乡镇。

从专业救援角度来说，平澜救援团队一直活跃在应急救援、公共外交等领域，聚焦国内外人道危机、环境危机、灾区人道援助。负责人王珂曾带队参与泰国 13 名洞穴失踪少年搜救、非洲“伊代”飓风救援、斯里兰卡暴恐人道援助、柬埔寨排雷等国际人道援助行动，也在山东寿光水灾救援、广东“山竹”台风灾害救援、宜宾地震救援等国内救灾中不曾缺位。

（2）**提前预判、备灾防灾**。中华救助联动平澜等专业救灾伙伴在洪汛易发生季节提前做好了防汛工作。5 月就上线水灾项目未雨绸缪，6 月就已经开始为水灾救援做准备，所有的专业器材也都已在仓库里准备好。7 月 20 日水灾发生后，又根据项目推进阶段依次上线物资保障、消杀防疫、灾后重建等针对性类别的项目，做到了精准、高效。因此当 7 月暴雨洪灾发生时，能够赶在第一时间抵达现场开展救援。

（3）**专业救援、定位精准**。7 月 20 日水灾发生后，基金会秘书处第一时间成立应急救援项目组，网筹、项目、品牌、财务等多方协同，联动平澜等专业救援队伍，水灾救援行动整体分为紧急救援、安置保障和应急能力提升三个阶段，通过紧急救援行动及物资保障供应、灾后技能培训、应急能力提升三部分，完成此次救援。

（4）创新性、延续性。凭借在救灾领域的专业度，以平澜为代表的救援队，首选山区等救援更困难的区域实施救援和帮扶。项目除了在生命救援、防疫消杀之外，更注重大灾后技能培训、村民和学校等的应急能力提升，包括对当地的心理重建，经历大灾后的心理创伤治愈，面对巨大损失的心理调适，这是一个漫长的恢复过程。

除了整体网筹及救援统筹、及时传播、及时反馈外，中华救助还在腾讯公益上线三个项目：设立“向阳计划”支持灾后公益组织重建，并获得腾讯基金会首期200万元的资助，从申报的82家河南一线公益组织中甄选出34家确定首期资助；设立“向阳一线救援计划”上线支持民间救援队类项目，加强民间救援力量的自身能力建设，提高专业素质，准备应对未来更为复杂艰险的灾害救援；设立“河南学校灾后重建”项目，直接为受灾后的乡村小学校筹集重建整修资金，更新课桌椅等设施，帮助河南孩子安全开学。

2. 说得好

河南水灾以来，中华救助根据灾情变化，一直实时推送项目执行进展情况，除了各大互联网筹款平台的项目进展更新外，在官网、官方微博、微信、凤凰网、腾讯新闻、《公益时报》、视频号、抖音、快手等平台更新发布进展上百条次，做到公开、透明、及时、高效。在项目完全结束后，中华救助还将实施专项审计，审计结果也将在官网等平台做好信息公示，做到公开、全面、细致、透明。

CASE

案例3：小成本如何做出大动作——“幸福列车”重庆行公益活动

（一）项目背景和意义

2019年4月民政部发布的《关于进一步健全农村留守儿童和困境儿童关爱服务体系的意见》明确指出，鼓励和引导社会力量广泛参与，支持社会工作者、法律工作者、心理咨询工作者等专业人员，针对农村留守儿童和困境儿童的不同特点，提供心理疏导、亲情关爱、权益维护等服务。积极倡导企业履行社会责任，通过一对一帮扶、慈善捐赠、实施公益项目等多种方式，重点加强贫困农村留守儿童和困境儿童及其家庭救助帮扶，引导企业督促员工依法履行对未成年子女的监护责任。

从 2010 年开始，中华救助举办的“幸福列车”公益活动，先后帮扶了贵州、广西、甘肃、安徽、湖南等多个地区的上千名留守儿童。

（二）公益项目策划、执行和效果评价

2021 年 5 月，中华救助青少年部启动项目策划，计划在重庆开展“幸福列车”关爱留守儿童公益活动。通过分析国家形势、公益项目痛点、社会问题切入点，设置多模块公益活动，设计招商、预热、执行、深度传播、反馈机制，充分联动企业、公益合作伙伴机构、志愿者、媒体等资源，做出了公益项目的特色。

7 月 5 日—10 日，中华救助“幸福列车”项目正式启动 2021 年重庆公益行活动。中华救助联合重庆市渝中区小红花公益事业服务中心，组织巫溪县和彭水县的 20 位农村留守儿童与家人团聚，共赴重庆经历了六天五夜的幸福之旅。此次公益活动主题为“给梦想多一种可能”，旨在通过科技教育、安全教育、亲子教育、文艺教育、职业体验、财商教育、人文自然等课程，让留守儿童拓宽视野、丰富见识、提升素养、提高安全防范意识，同时促进留守儿童家庭亲子关系。

活动期间，孩子们同重庆市渝中区小红花公益事业服务中心的志愿者们一道参观了重庆科技馆、重庆龙美术馆、长安福特汽车有限公司、重庆邮电大学、重庆动物园，同时在智育青萌课堂、姿曳舞蹈课堂、佰特公益财经素养课堂、丽群自我保护课堂分别接受了美育、财商及防性侵等素养教育。

1. 科技、安全——助力梦想

《中华人民共和国国民经济和社会发展第十四个五年规划和 2035 年远景目标纲要》特别指出，要激发人才创新活力，弘扬科学精神和工匠精神，广泛开展科学普及活动，加强青少年科学兴趣引导和培养，形成热爱科学、崇尚创新的社会氛围，提高全民科学素质。

本次活动伊始，在重庆科技馆，孩子们通过参观生活科技、防灾科技、交

通科技、国防科技、宇航科技和基础科学六个主题展厅，了解学习重庆本地科技发展的历史和未来，增强了科学兴趣和素养。

在宇航科技展区，通过参观模拟的宇宙飞船内部，孩子们了解到宇航员在太空中是如何工作和生活的。

在基础科学展区，许多与物理和化学基础原理相关的科学实验，让孩子们玩得不亦乐乎，他们时不时地发出惊叹："哇，这也太神奇了！"一方面，孩子们在玩耍中体会到科学、科技的奥妙；另一方面，他们通过认真观察生活开始学习探索，发现生活中容易被忽略的科学知识。

在国防科技展区，孩子们看到模拟枪击场景的游戏都兴奋地冲过去尝试练习。

除了科技，安全方面的学习对于留守儿童成长也是必不可少的。在讲解员的带领下，孩子们在防灾科技展区体验了模拟泥石流、地震、火灾的灾害模拟器，亲身感受到自然灾害的危险性，并学习了许多必不可少的安全知识，这有助于他们在面对真正的自然灾害时保持冷静、妥善应对。

离开重庆科技馆，孩子们接受了由重庆市丽群妇女儿童服务中心开展的防性侵教育课程。该课程旨在让孩子们正确认识身体，学会爱护、尊重自己和他人的身体，提高自我保护意识，并能够认识哪些行为属于性侵害行为，掌握防范性侵害的方式和方法，以及面对性侵行为的后续处理方法。

同时，在智育青萌课堂的支持下，主办方也以座谈会的形式面向家长开展了家庭教育课程。课程探讨并尝试解决家长在教育孩子过程中遇到的问题和困扰。对于家庭教育中常见的沟通障碍问题，老师现场给出了诸多指导方法，帮助家长们更好地教育子女。

2. 艺术、智造——丰富梦想

在艺术体验环节，舞蹈、美术、陶艺、川剧……丰富多彩的活动令孩子们流连忘返。

姿曳舞蹈课堂首先为孩子们上了人生第一节正式的舞蹈课。虽然一开始大家相对拘谨，但在学习舞蹈动作的过程中，课堂氛围逐渐活跃，孩子们瘦小的身体充满了不服输的韧劲，当老师问到压腿“痛不痛？怕不怕”时，孩子们大声地回答“不痛”“不怕”，努力认真地完成老师的每一个指令。

走进中国收藏家刘益谦、王薇夫妇创办的重庆市首家国际级藏品展示及交流中心——重庆龙美术馆，孩子们和家长置身于国内外艺术空间，流连忘返。志愿者带领孩子们欣赏水墨山水画、蜡笔画、油画、水彩画等，不仅讲述了画面的含义、画家的艺术技法、作品背后的故事，还提出一些简单而关键的互动问题，帮助孩子们更好地理解整幅美术作品。当讲到画家童年与绘画的缘起时，志愿者对孩子们说：“希望你们不要放弃现在感兴趣的事物，坚持下去也许就会对自己的一生产生深刻的影响。”

欣赏完精彩画作，孩子们摩拳擦掌，开始尝试自己创作。在长近 10 米的印有“幸福号”“快乐号”列车的画布上，孩子们画上了自己的梦想：有的孩子想当军人，想当警察；有的孩子想当宇航员，想潜到海底世界；有的孩子想当画家，想开花店……一块简单的画布承载着孩子们珍贵的梦想，艺术也为梦想插上了腾飞的翅膀。

陶艺课上，通过陶艺老师的指导，孩子们很快便从刚开始拿到陶土的手足无措，到娴熟地拉坯、控制开口大小、造型。看着一块块平平无奇的泥土在自己手中变成各种脑洞大开的神奇作品，孩子们脸上都绽放出欣喜、幸福的笑容。在“幸福列车”公益项目的帮助下，孩子们又何尝不像这些陶土一样，可以由平凡变神奇呢？

在智造体验环节，从“产业”角度到“学术”角度，再到“体验”角度，“幸福列车”公益项目设置了新奇、前瞻的探访和学习内容，这些内容也成为本次重庆公益行的亮点。

从“产业”角度，“幸福列车 × 爱无止境”长安福特智能工厂探秘之旅令孩子们大开眼界。“感谢中华社会救助基金会‘幸福列车’公益项目走进长安福特，我们聚焦青少年儿童群体，将社会公益和工业旅游相结合，期待让更多孩子来两江感受智能制造的魅力，”长安福特汽车有限公司企业生态合作负责人刘洪说，“长安福特始终持续践行企业社会责任，通过走进家庭、社区、学校等一系列公益互动活动，实现‘进无止境’的品牌承诺。接下来，公司还将为教育资源相对较薄弱的学校和社区建立‘长福书库’图书角，为少年儿童免费提供阅读书籍，并带去第二课堂、社区课堂等公益项目。此外，公司还将加强与学校合作，推动建设汽车实验室，并合作研发以汽车为主题的 STEM 课程，聚焦青少年儿童教育事业。”

从“学术”角度，孩子们来到对标国家战略需求、顺应重庆人工智能产业发展需要诞生的一个联合办学、协同创新的实体——重庆邮电大学人工智能学院，通过参观并体验人工智能，埋下了又一颗“智造未来”的学术种子。张学旺教授向项目团队、志愿者和家长们分享了“智启未来·乡村振兴”专项计划，中华救助也通过此次“幸福列车”公益活动，实现了充分号召社会力量广泛参与对留守儿童关爱和乡村振兴助力的探索。

从“体验”角度，中国第一家儿童及青少年财经素养教育公益组织——佰特公益，则以趣味桌游为载体，通过孩子与家长互动合作，为孩子们带去了中心的、优质多元的财经素养教育启蒙。

佰特公益的发起方——上海百特教育咨询中心认为，对于困境青少年来说，在现代经济生活中获取信息即资源相对弱势的生存环境下，通过培养财经素养，加强生活风险防范意识、提升当下生存适应力、激发未来财务规划能力，显得更为重要。中华救助首次与佰特公益携手，希望培养更多独立、有温度、有担当的经济公民，助力青少年经营美好人生。

3. 梦想、爱心——启迪未来

在公益活动旅程的最后一站——爱心团聚晚会中，孩子们分享着游览重庆动物园与大自然、动物亲密接触的感受，分享着科技、艺术、智造的每一份惊喜与收获，享受着和父母在一起的幸福与自在，分享着和爸爸妈妈之间的心里话……他们感受着、欢乐着、畅想着。

一位七年前“幸福列车”公益项目的受益学生、如今已顺利考取广州大学的婉婷，通过视频向孩子们分享了自己成长的感受，鼓励孩子们通过努力，将来也像自己一样成为公益志愿者，为更多的孩子送去幸福与快乐。

当孩子们含泪大声唱起《陪我长大》的结束曲时，他们更深刻地理解了父母虽然暂时不能陪伴自己，但爱从未缺席。在泪光中，他们也已暗下决心，要努力学习、感恩父母、回报社会。

重庆市渝中区小红花公益事业服务中心负责人秦东感慨道：“感谢志愿者们的无私奉献，感谢所有支持活动开展的单位和个人，特别感谢中华社会救助基金会给社会营造的良好公益氛围和平台，组建优秀团队，使得多方社会组织力量通力合作，一起给大家带来了这次超棒的公益体验。我们希望能通过这次活动，在孩子们心中种下一颗美好的种子，希望他们能用心中这颗美好的种子去体味、理解、感知父母的不易，感知国家的发展和社会的进步，在今后的日子里继续发现美好、感受美好、传递美好，自信、快乐地面对自己的美好人生。”

（三）项目公益传播中的理念、方法和策略

本案是典型的公益活动传播模式，活动为期六天，20多名留守儿童与父母相聚，日程安排丰富多样，有张有弛，多家权威媒体跟踪报道，50余人跨地域多日活动。如何把善款花在“刀刃上”，节俭办事还能做出大动作是中华救助在筹备活动之初就全盘考虑的问题。

由于在筹备此次公益活动之初便引入了商业思维，活动策划完毕后还在内部做了小小的招商劝募活动。首先，根据日程安排提出活动需求，根据需求定向邀约合作伙伴支持；其次，给合作伙伴以各种公益回报，包括提供互联网端

的联合劝募资格、媒体报道公益正向宣传、公益身份认证等。众多有公益情怀的企业和机构都做出了积极回应，为孩子们组织了各种丰富多彩的活动，这些活动的经费全部由支持的企业和机构自行承担。这些企业的主管领导表示，在活动开展的过程中，孩子们不仅增长了见识，还和家长产生了良好的互动。企业也实践了自己的社会责任，员工也收到了积极正向的教育，企业的文化力和凝聚力有所提高，此次公益合作可谓整合资源，多方共赢。

（四）总结和思考

本次公益活动通过联动多方力量，实现了小成本产生大影响，也为未来项目复制到全国更多的城市组织关爱周边乡村留守儿童活动打造了执行样本。

梦想没有尽头，只会在爱心和汗水的浇灌下生根开花，结出美好的未来之果。幸福没有终点，只会从一个站点开往下一个站点，承载更多留守儿童的梦想与希望。给梦想多一种可能，给留守儿童多一份幸福。

“幸福乡村带头人计划”助力脱贫攻坚与乡村振兴

快手公益

作为全球领先的内容社区和社交平台，快手一直致力于成为全球最痴迷于为客户创造价值的公司，坚持帮助人们发现所需、发挥所长，持续提升每个人独特的幸福感。

“拥抱每一种生活”是快手价值观的基础，指引着快手不断前行。快手希望帮助每一位用户发现一个能够扩展其生活体验和兴趣的广阔的内容世界，从而产生共鸣。快手平台数据显示，2020 年上半年，有约 2000 万用户通过快手获得收入，包括贫困地区的用户，其中有很多人来自偏远地区。

快手从 2018 年起系统性开展扶贫项目，让贫困地区的人更便捷地记录和分享生活、呈现和发挥所长，从而创造价值，改善生活境遇。2019 年，快手正式成立扶贫办公室，副总裁宋婷婷任办公室主任，开展了“福苗计划”“乡村振兴官”和“幸福乡村带头人计划”等战略项目。2020 年，快手率先发起“百城县长直播助农”系列活动，推动疫情背景下贫困地区的消费扶贫行动。

快手坚持以赋能乡村为己任，从电商扶贫、消费扶贫、智力扶贫和文旅扶贫等方向，探索“短视频、直播 + 扶贫”的新模式，大力推动贫困地区脱贫攻坚，实现乡村振兴，因此被誉为“具有扶贫内生驱动力”的平台。

快手扶贫得到了社会各界的广泛赞誉，2019 年中央电视台《焦点访谈》栏目介绍了全国多地的快手乡村新主播故事，由点及面地肯定了快手“短视频 + 直播”扶贫创新实践；2020 年，快手“‘短视频 + 直播’打造流量扶贫创新模式”入选国务院扶贫办2019企业精准扶贫50佳案例。

CASE

案例：“幸福乡村带头人计划”项目

（一）项目背景和意义

“幸福乡村带头人计划”是国内首个关注乡村创业者的互联网企业社会责任项目，现已发展成为国内首个乡村创业者成长孵化器和乡村产业加速器。项目已在全国发掘超过100位有能力的乡村快手用户，通过为乡村创业者（包括农业创业、非遗传承、文旅推广三大领域）提供线上、线下的商业与管理教育资源，培育和提升其领导力及商业管理能力；通过提供流量资源、品牌资源，促进带头人带动乡村产业发展、增加当地就业，进而带动贫困人群脱贫。项目培育出了格绒卓姆、太平、张飞、马玲敏等一系列正能量新网红。

（二）公益项目策划、执行和效果评价

截至2021年，“幸福乡村带头人计划”项目在全国范围内共发掘和扶持超过100位乡村创业者，培育出57家乡村企业和合作社，提供超过1200个本地就业岗位，累计带动1万多户群众增收。带头人带动本地产业全年总产值5000多万元，产业发展影响覆盖近千万人。其中有诸多典型案例。

1. 太平通过快手短视频卖牛肉干

太平是位蒙古族汉子，15岁之前还是一名羊倌。15岁时，他便背井离乡，外出打拼。他做过保安，当过司机，陆续做过很多工作，但并没能稳定下来。2016年，太平和妻子一起开了家牛肉干门店，售卖自制的乌拉盖草原风干牛肉干，但由于当地地广人稀，旅游旺季又短，迟迟没能打开销路，全年销售净利只有2万多元。

直到接触到快手，并通过快手向粉丝们介绍乌拉盖大草原的辽阔风光和牛

肉干的制作过程，太平的牛肉干生意才有了转机。2017 年，太平在快手上收获了第一单生意。一位黑龙江的粉丝想买，又怕太平是骗子，太平便把身份证照片、家庭地址、联系方式都发给他，并寄去了三斤牛肉干。从那以后，太平开启了自己的电商事业。

一开始在快手直播时，太平不会说普通话，无法回答粉丝的问题。但每次播完，他就回想错误之处，查字典，不断改进。一年多过去，他的牛肉干已经行销全国各地，普通话也说得流畅自如。

2018 年，经过快手的多次考察，太平入选“幸福乡村带头人计划”，这让他的口碑更加稳固，也鼓励他带领身边更多的乡亲致富。2018 年全年，太平的牛肉干销售额达到 450 万元，最高月销售额达 50 万元，年盈利超过百万元。

从 2018 年至今，太平在快手上的牛肉干销售额已突破 1500 万元，帮助当地几十户牧民增加了收入。2020 年，太平的生意规模进一步扩大，建起了占地 510 平方米的牛肉干加工厂，并雇用了当地 12 名贫困人员。家乡的发展一直被太平牵挂于心，2020 年 3 月，他听闻老乡的土豆因疫情滞销，马上仗义相助，通过直播帮忙卖出 10 吨土豆。同时，太平也不遗余力地向粉丝推广乌拉盖草原旅游，期待能让更多的朋友来到乌拉盖，推动当地旅游产业的发展。

2. 格绒卓姆通过快手出售乡土特产

四川省稻城县的格绒卓姆小学毕业后便不再继续学业。2017 年，格绒卓姆在亚丁景区做服务员时与丈夫杜沫奎结识，夫妻俩在县城开了一家小吃店，虽然每天起早贪黑，但收入并不理想。

当时，格绒卓姆在小吃店看到顾客玩快手，划动一下手机屏幕就能看到千里之外人们的生活，好奇的她便也下载了快手。没想到，这个小小的举动，却让她的生活发生了翻天覆地的变化。

此后，格绒卓姆开始接触快手平台。一开始，她的短视频并不受关注。转机来自一次她和家人在高山上挖虫草的过程，她让父亲“举着手机不要动”，录下了她和母亲采摘虫草的场景。由于信号不好，她特意爬到山顶，把视频发了出去。她没想到，这段并不精致甚至画面略微抖动的视频在第二天的播放量竟达 50 多万。更意外的是，几百位快手网友私信询问虫草怎么卖。格绒卓姆生平第一次去县城的邮政快递把虫草寄给了外地的用户，赚到了相当于在县城打工一个月的收入。尝到甜头的格绒卓姆夫妇毅然转让了城里的小吃店，走上了利用新媒体来推销乡土特产的道路。

2018 年，只有 50 多户人家的贡色村通了宽带网络，这让格绒卓姆除了短视频之外，还能直播卖货。县城物流也迅速发展，新鲜的松茸能通过快递发出。当年，格绒卓姆在快手平台的销售额就超过 30 万元，她还带动亲戚朋友一起受益，她和丈夫也入选了“幸福乡村带头人计划”，并在北京参加培训。培训中，格绒卓姆萌生了成立合作社的想法，并在回乡之后发动村民办起了松茸合作社。

2018 — 2020 年，他们的合作社通过快手平台共售出虫草 5 万多根、松茸 7000 余斤，还有牦牛肉干、当归、黄芪等多种高原特产，总销售额 500 万元以上。格绒卓姆夫妇在养活全家七口人的同时，还帮助乡亲们解决了货物滞销困难，用高于收购商 5% ~ 10% 的价格向大家收购特产，带动了周边多个村庄近百户人家增收，每户年均增收 5000 元以上。如今，格绒卓姆夫妇已经注册“迷藏卓玛”商标，准备进一步发展农特产加工产业。同时，他们正着手修建赤土乡第一座民宿，希望让游客体验到最原汁原味的藏族生活，通过发展旅游，多元、可持续地带动家乡更好地发展。

格绒卓姆的故事受到了多方关注，她获得了中国网络直播行业 2018 年度阳光主播、2019 年四川省“返乡农民工创业明星”、新时代脱贫攻坚青年网络榜样主播等荣誉，也被央视财经等主流媒体报道，2020 年还登上美国《时代》周刊。

3. 快手短视频助力非遗泥塑传播

除了电商创业以外，“幸福乡村带头人计划”还专门扶持了一大批非遗带头人。朱付军生活在素有“中原泥塑第一村”之称的河南省浚县杨玘屯村。以前，杨玘屯整个村子家家户户都做泥塑，受此影响，朱付军从小就喜欢做泥塑，但因为挣不了多少钱，而今村子里只有不到一半的人还在坚守这门老手艺，多数都是老年人。一开始，朱付军也没有选择坚守，14 岁的他便离开家乡，外出打工。

2018 年，因为在工地上摔伤了腿，原本在外打工的朱付军选择回家养伤。正好当时快手和鹤壁市有关部门开展战略合作，推广鹤壁市的民俗文化和非遗项目，朱付军决定重拾儿时爱好。他尝试将捏泥塑拖拉机的视频发布到了快手，没想到，这条视频一夜之间播放量就突破了 200 万。从那以后，朱付军开始在快手上发展，靠短视频传播泥塑技艺。

在快手上，朱付军创造了全新的泥塑创作方式，他把泥塑做成剧情、段子，甚至通过绿布抠像技术还原影视片段。除此之外，朱付军还用泥巴制作了电影《头文字 D》的精彩片段。他将用泥巴拍摄的电影在村里播放，这成为孩子们夜晚的最大乐趣。

以前，当地泥塑除了庙会之外销路有限，但现在，在朱付军成为快手网红之后，泥塑又有了新的销路。

从 2018 年至今，朱付军已经帮助 100 多位手艺人销售了 10 万多件泥塑作品，总销售额达到 120 万元左右。除此之外，如今在朱付军的影响下，村子里的 20 多个年轻人也重拾泥塑手艺，打算在网上销售传统泥塑作品。未来，朱付军打算带着乡亲们学习快手直播，保护传统技艺的同时也帮乡亲们增收致富。

4. 通过短视频加速地方文旅推广

快手用户“张家界旅游周导”本名周天送，是个 90 后土家族小伙。因为家境贫寒，周天送 13 岁时就开始外出打工。他在福建砍过芦苇，到山东农村架过高压线，进过广东惠州的模具厂，还曾在广州给姐姐的饭馆做过帮工。由于年纪小，几年下来，周天送也没寻到太好的生计。最后，他还是回到了家乡，被亲戚带进了一家旅行社，学做一名接待散客的导游。

2017 年早春，在张家界旅游淡季，周天送随手拍了一条雪景短视频，并在快手上发布。没想到一两个小时之后，这条视频上了快手热门。不少人因此关注他，并且私信问他这是哪里。当知道他是导游后，热情的网友甚至直接说想让周天送带他们玩。周天送很吃惊，因为在此之前，他的客户全是亲戚朋友介绍来的，一个月只有七八单，客源不足，收入也不高。他没想到自己发个视频，竟然能在网上引来游客。

从那之后，周天送开始利用快手对接游客，将张家界的各种美景奇观展现给天南海北的粉丝。在周天送居住的村里，还有不少年轻人以导游为业。周天送还带动邻居、朋友用快手接待游客。

周天送的妻子叶倩同样是一名导游。两年前，在周天送的鼓励下，叶倩也拿起手机，开始用快手记录、分享张家界的美景美食和生活日常。如今，二人互相扶持，一起在家乡创业，成立了自己的旅游服务公司。每到旅游旺季，他们都会雇用当地村民来帮忙，乡亲们也都因此多了一份收入。未来，周天送希望能通过快手为更多游客提供便捷高效的旅行服务，同时也带动更多的乡亲增收。

四川省阿坝州小金县老营乡甘家沟村扶贫第一书记张飞的故事也类似。2016 年张飞刚来到村里的时候，老百姓生活条件差，村民主要靠种植、养殖和外出务工来维持生活，但将种植、养殖产品换成钱的并不多，有村民家的腊肉挂了三年还没吃完，变不成钱，找不到销售渠道，这让张飞非常焦虑。

2016 年，老家的弟弟前来探亲，为张飞支了一招——拍摄短视频。听了弟弟的建议后，他开始自学快手视频拍摄剪辑，当年 10 月开始上传短视频作品，记录自己的工作和生活，也开直播，慢慢积累了一些粉丝。

麻足寨是一个大山中的村落，海拔 3200 米，上下落差达 1000 米，以前老百姓下山买生活用品在天没亮时就要出门，买完东西再上山，天已经黑了，所以村民都搬走了。以前麻足寨有 40 多户人，现在常住的只剩下 3 户。

2019 年初，张飞拍摄了一条他和家人在门口吃饭的视频——“海拔 3200 米云端餐厅”，只有短短 10 秒，如今已经有超过 1200 万的播放量。画面里，海拔 3200 米的马路边，一张方桌支起，饭菜上桌，远处则是翠绿苍山、层叠梯田和飘浮的云雾。

“云端餐厅”走红后，桌上的美食也跟着火了起来，村民家里的腊肉很快就被网友买光了。2019 年，通过快手“短视频 + 直播”的扶贫方式，张飞帮助村民销售苹果 11 000 斤，增收 55 000 多元，销售松茸 300 多斤，增收 60 000 多元。

除此之外，还不断有游客希望前来观光。张飞说：“因接待能力有限，县里也在做计划，下一步将要打造民宿，让游客有更好的体验。”寨子里的陈英常年在成都的物流公司上班，因为寨子即将开发，她也辞职回来打造民宿。她说：“在家也能挣钱，再也不用出去打工了。”

尝到了网络的甜头，张飞还在乡里办了几期培训班，教大家剪辑拍摄短视频。如今各个村里的年轻人都纷纷拿起了手机，开始直播宣传家乡的美食美景，麻足寨的民宿也开了起来。通过快手，张飞还结识了一名从事生态农业的企业家，未来，他计划带领村民发展农业基地。

（三）项目公益传播中的理念、方法和策略

“幸福乡村带头人计划”是快手发起的在乡村振兴领域的人才扶持项目，主要在以下方面有所创新。

1. 体制机制创新

快手“幸福乡村带头人计划”不仅是培训项目，更是人才的孵化项目，通过多种方式使乡村有志于在短视频直播电商领域发展的人才得到有效的帮助，创新性地设立了多个板块共同进行人才的培养。

（1）快手幸福乡村创业学院。快手幸福乡村创业学院学制一年，每年三期，主要环节为“集中培训 + 机构参访 + 实地调研指导 + 线上课堂”，旨在全面提升快手幸福乡村带头人的短视频创作、商业和管理能力，拓宽带头人的产业可持续发展思维，培养乡村新人才，孵化乡村新产业，通过建立可持续发展的企业实体，辐射带动所在县区农户共同脱贫。

（2）快手幸福乡村说。快手幸福乡村说是关注乡村发展和乡村创业者的系列演讲活动，旨在打造一个专注乡村发展的分享交流平台。该板块以现场演讲结合快手直播的形式，分享演讲者的智识与经验，启迪乡村振兴的新思路。

（3）带头人互助社区。带头人互助社区是聚合快手乡村振兴人才的交流平台和互动社区。社区成员由快手幸福乡村带头人组成，基于共同的价值观，聚焦乡村振兴与可持续发展，为振兴乡村贡献力量。

2. 理念思路创新

快手“幸福乡村带头人计划”有效地发挥了平台优势，助力实现脱贫攻坚与乡村振兴的有效衔接。

（1）坚持发挥平台自身的独特优势，精准帮扶乡村地区。快手的流量帮扶模式发掘和扶持了生活在乡村地区的致富带头人，同时结合乡村地区特色产业优势，邀请快手知名新农人主播针对地域情况开展电商直播活动。这样既落实了精准帮扶对扶持对象精准的要求，又利用快手的平台和技术优势，实现了对帮扶主播资源、流量资源等全链条环节的精准把控。

（2）坚持人才振兴相结合，实现乡村地区可持续发展。快手联合地方政府、高校等系统性开展帮扶培训，以农技农服为抓手，突出电商直播培训，充分发挥当地政府组织优势和地区特色产业优势，强化基层帮扶力量，着实有效提高乡村地区和乡村人口的自我发展能力，实现乡村地区的可持续发展。

（3）坚持品牌振兴，促进乡村地区产业升级。短视频在乡村地区农产品的场景化展示上有着得天独厚的优势，对激发消费需求和购买行为都有显著的作用。加之快手的个性化推荐及智能分发机制可以提高销售精准度及卖货效率，能更全方位、立体化地展现地区特色产品的溯源过程，这既增强了产品的可信度和溢价能力，又增强了消费者的品牌信赖感，从而以消费帮扶的方式打造出地区产品品牌，促进地区产业升级。

第二部分　新传播篇

以新公益理念拓展拍卖行业社会责任担当

中国拍卖行业协会

机构及背景概述

我国拍卖行业自1986年恢复发展以来，随着社会主义市场经济体制的建立和完善，得到了长足发展。行业恢复30多年来，中国拍卖行业协会按照《中国拍卖行业协会章程》积极开展工作，努力为政府部门和会员单位服务，维护拍卖行业的合法权益，增强拍卖行业的凝聚力和自我保护、自我发展能力，发挥桥梁、纽带、协调、服务的功能。在投身中国改革开放大潮中，1987年以深圳特区土地拍卖第一槌直接推动了《中华人民共和国宪法》的修改；1992年以北京国际拍卖会打开中国文物市场的大门；2010年中国拍卖行业协会建立中拍平台主动带领中国拍卖业开启网络拍卖时代；2015年以服务首场公车拍卖掀开廉政建设新篇章；2020年昆明花拍中心发展成为全亚洲最大的鲜花交易市场……近年来，中国拍卖行业协会以“新技术、新资源、新市场、新模式”为引导，以将拍卖业建设成为在新时代社会主义市场经济中发挥重要作用的现代服务业为目标，全力推进行业转型升级，实现了拍卖行业的新发展。

中国拍卖行业协会成立于1995年，是我国拍卖行业唯一的全国性社会组织，在民政部登记，由国资委党建领导、商务部业务主管。中国拍卖行业协会自成立以来，以推动拍卖行业发展和社会公共价值提升为使命，逐步建立了涵盖主要资产类型的拍卖业务体系；涵盖法律、自律及标准的行业规范体系；涵盖院校教育、职业教育、继续教育的多层次人才培养体系；形成面向未来的行业数字化发展平台体系，以及服务行业、覆盖全国、联结国际的协会组织体系，实现了中国拍卖行业从无到有、从小到大、从数量增长到质量提升的长足发展。

引领拍卖行业公益理念变迁

中国拍卖行业是一个具有良好慈善、公益传统的行业。早在2001年，中国拍卖行业协会就将对慈善公益事业、参与深度扶贫攻坚的支持和关注写入了国家标准《拍卖企业的等级评估与等级划分》的要求之中。实际上，拍卖行业因其天然的专业特点，一直以来在筹集公益善款、宣传慈善文化等领域发挥着独特作用。20多年来，中国拍卖行业协会带领全行业通过不同形式、多种途径积极参与社会公益慈善活动，用实际行动播撒爱心、传递温暖，勇担社会责任，积极回报社会，树立了良好的社会形象。进入新发展阶段，如何进一步激发行业活力，在以往实践的基础上更加有效地投入实现两个一百年奋斗目标和中华民族伟大复兴的中国梦中去，在实现行业价值的同时承担行业应有的社会责任？中国拍卖行业协会提出了用新公益理念拓展拍卖行业社会责任担当的思路。

（一）做公益筹款：安静且专业的朋友

1. 拍卖行业发展迅速

截至2021年12月，全国有拍卖企业9196家，执业拍卖师1.2万名，从业人员6.9万名，遍及全国各省、区、市，同时，中拍平台等网络拍卖平台的发展也让线上线下同步预展及拍卖的形式在拍卖市场中得到广泛运用，让拍卖不再局限于固定的时间和空间，进一步扩展了拍卖行业在慈善筹款中的特殊专业价值。据不完全统计，自2017年以来，中国拍卖行业协会所属的拍卖企业以直接现金方式平均每年为贫困地区捐赠超亿元，参与或主办的专项慈善拍卖和扶贫宣传活动千余场，全国慈善拍卖活动年成交额超过10亿元。可以说，有慈善的地方就有拍卖。

2.“专业筹款、专业公益”理念

近年来中国拍卖行业协会带领拍卖行业实现了重大公益事件中的广泛影响力，逐步收获了在公益慈善行业中的普遍好评。2019年，中国拍卖行业协会联合北京、内蒙古、甘肃、陕西、云南、河北等地企业，围绕“精准扶贫”做文章，在中国国际服务贸易交易会上推出了一场“专业扶贫、品牌扶贫”的拍卖会。48件来自深度贫困地区的农副产品，一经推出广受欢迎，实现100%“白手套”成交，成交额高达15.57亿元。其中，精准扶贫板块的首件拍品内蒙古阿拉善1吨驼羔原绒期权，最终以12万元成交；来自甘肃肃南地区的3万只高山细毛羊在经过多轮激烈竞价后，最终拍出3600万元的高价；来自云南临沧的20吨优质咖啡生豆拍出了358万元的好价格。此外，张掖牛、山丹牧草、普洱咖啡豆、内蒙古赤峰西红柿、张家口土豆等一批具有代表性的贫困地区农产品一经推出即受到了志广富庶、眉州东坡、呷哺呷哺、吉野家、西贝、方园平安等多家知名公司的热烈竞拍。

此次公益拍卖，依托拍卖专业优势，通过拍卖农产品现货和期货订单，帮助贫困地区和农产品打开销路，有效扩大了农产品品牌影响，为助力实现全面小康贡献了“拍卖力量”。

3.慈善拍卖传播公益价值理念

时代在变，专业不变。从线下拍卖走到线上，不变的是拍卖行业的专业公益能力。2020年1月27日，面对新冠肺炎疫情，中国拍卖行业协会公开发出倡议，要求拍卖公司“发挥专业优势，参与到动员社会力量、汇聚群众爱心的工作中来”，引导广大拍卖机构和从业人员运用拍卖专业知识和经验，创造性地开展线上拍卖筹款活动，依法依规协助做好慈善物资、款项的筹措工作。在中国拍卖行业协会的带领下，2020 年 3 月 10 日由中国拍卖行业协会、东润公益基金与中国嘉德拍卖携手推出的“至诚——中国嘉德网络公益拍卖”顺利结拍，168 件艺术作品 100% 拍卖成交，筹集善款近 1600 万元。此后，全国拍卖企业联合慈善机构开展网上公益拍卖近百场，筹集抗疫资金超过 1 亿元。

“举牌为号，以爱相认”，中国拍卖行业协会所引领的慈善拍卖活动，经过不懈努力，当下中国大地已实现平均每天至少有一场公益拍卖会的公益拍卖理想。广泛而深入的专业慈善拍卖活动不仅传播了公益价值，同时有效实现了拍卖专业价值的传播。

（二）做文化传播：有效且独特的渠道

中华文化源远流长，促进文化传播是我国拍卖行业最重要的使命之一。通过拍卖行业的努力，超过 10 万件流失海外的中华文物漂洋过海，回归祖国，而我国文物艺术品拍卖市场经过近 30 年的发展，年成交额已经超过美国，位列全球第一。文化已经成为我国人民美好生活需求的重要组成部分。

1. 以“学术促进市场，担当文化责任”为理念

中国拍卖行业协会特别指导文物艺术品拍卖企业强化社会文化责任，通过引导开展广泛的学术研究、挖掘拍品文化价值、联合媒体开展文化传播等措施，实现了行业经营与文化传播的兼容。2020 年，全国文物艺术品拍卖会场次超过 5000 场，上拍数量超过 4.5 万件，每次拍卖活动的公开展示都成为公众可以近距离欣赏优秀文化艺术品的良好机会。

2. 以“拍卖文化促进文物回归”为理念

2018 年，中国拍卖行业协会向英国坎特伯雷拍卖行发出声明，强力敦促其放弃圆明园流失文物“虎蓥”的拍卖，最终经多方努力，2018 年 12 月 11 日，“虎蓥”正式入藏中国国家博物馆。2019 年，中国嘉德国际拍卖有限公司向国家捐赠“郑振铎等抢救流散香港文物往来信札”，共计 166 页。这批珍贵

史料经过半个多世纪的沉默，最终入藏中国国家图书馆，并首次公开展出。

（三）做价值共生：深入且持久的平台

中国拍卖行业协会认识到拍卖行业独特的社会价值来源于拍卖文化。为此，围绕专业做文章，拍卖行业开始尝试通过恰当的项目设计，将专业筹款、文化传播等拍卖行业价值串联起来，形成新的价值共生公益模式。2016 年中国拍卖行业协会发起的“快乐拍卖，快速报价大挑战”公益活动、2018 年以来的“小小公益拍卖家”项目都是其中的典型代表。

“小小公益拍卖家”项目由广东华友拍卖行发起，是中国拍卖行业协会会员单位中首个实现了“公益理念 + 通识教育 + 职业启蒙”多元目标融合的持续性公益项目。截至 2021 年，已有超过万名青少年、一万个家庭体验该项目。

“小小公益拍卖家”活动以拍卖为切入口，围绕慈善公益拍卖这一专题主线，从拍卖师个人素养、拍卖行业知识与法规基础、拍卖与公益慈善和拍卖的跨界学科知识四大方面展开，从贴近学生生活的话题出发，充分拓展拍卖行业与中小学各学科的联系，进行活动探究。把具有专业性的拍卖知识和具有开放性的实践活动有机结合，使活动的探究既有趣味性，又有挑战性，让学生在愉快的学习体验中提高综合运用知识和探究创新的能力，培养青少年对公益事业、拍卖行业以及对身边的社会现象的认知识别能力，同时注重价值观的正确引导，注重培养学生对社会的感恩和责任担当，使他们建立正确的财富观，了解新时代公益事业的发展以及慈善公益拍卖对社会发展的贡献，提高自信和民族自豪感。

该项目得到中国拍卖行业协会的高度认可和支持。中国拍卖行业协会会长黄小坚不仅多次在不同场合表达对“小小公益拍卖家”活动的支持，更亲自为“小小公益拍卖家”活动创始人林朝晖投入大量精力、出资组织创编出版的《益棉：小拍家创意课堂》青少年公益慈善教育丛书作序。他相信“这套把公益、拍卖、教育融合在一起的丛书，将有益于培养‘德智体美劳全面发展的社会主义建设者和接班人’”，他同时希望“在实现中国梦的新征程中，拍卖行业能继续发挥专业特点，讲好拍卖故事，传播好拍卖声音，展示好拍卖形象，传递拍卖人的温暖，为慈善公益事业做出更大贡献”。

总结与思考

拍卖是实现价值兑现的独特交易方式，也是拓展拍卖行业社会价值和责任担当的重要源泉。每个行业都需要结合自身特点，发展出具有行业特色的公益理念和公益模式。中国拍卖行业协会在行业发展 35 年的历程中逐步认识到拍卖行业的三大公益价值关键词：专业价值、文化价值和共生价值。

1. 专业价值

拍卖与慈善一路相伴，为慈善筹款提供了专业支持。专业慈善拍卖的策划、营销、主持等服务，在实践中大大丰富了慈善活动与支持者之间的情感联结、价值联结。在《慈善法》《中华人民共和国拍卖法》框架下进一步促进细分专业拍卖领域的发展，是未来拍卖行业新公益的努力方向。

2. 文化价值

文物艺术品拍卖与文化传播相伴相生。文化艺术品专业拍卖活动发挥文化传播功能，已经成为独特的文化现象。进一步发挥艺术品拍卖的文化价值，在促进市场发展的同时以对拍品预展、文化导览、艺术鉴赏媒体传播等丰富方式实现拍卖活动的文化价值外溢，惠及社会公众，扩大文化普及，是未来文化艺术品拍卖领域新公益的价值挖掘点。

3. 共生价值

拍卖主持文化具有参与性、交互性，魅力独特。超越单点的筹款或文化传播目标，通过恰当的公益项目，能够实现公益、个人、行业的三重获益，实现参与者的多重价值关注。共生价值是对未来拍卖行业协会新公益理念的重要启示。

总之，“拍卖 + 公益”的跨界延伸正在成为拍卖行业新公益探索的方向。我们认为，在新公益时代，拍卖行业社会价值的承担，其中有几点需要特别注意：（1）筹款已不再是唯一，找到文化公约数，在市场传播中扩大文化教育，能够实现企业商业价值与社会文化价值的和谐统一；（2）筹款仍然是重要目标，找到筹款对象的利益关注点，用专业、恰当的拍卖合作模式，能够扩大参与范围；（3）面向未来，共生是值得重视的理念，找到合适的项目形式，能够完成未来与行业的共同成长。

CASE

案例：“小小公益拍卖家”公益项目

（一）项目背景和意义

2016 年 9 月 1 日，我国《慈善法》的正式颁布和施行，为慈善事业的发展带来了动力。《慈善法》中三处提及拍卖，拍卖以其特有的公开、透明、广泛的交易特点，在协助慈善组织、社会组织筹集善款方面受到社会欢迎。拍卖活动具有拍前策划、拍卖中一对多和公开叫价的特征，现场气氛的烘托渲染对参与拍卖活动的各方具有一定的宣传效果，有利于慈善文化和品牌效应的传播，慈善拍卖事业也因此迎来了新的发展机遇。

2018 年，广东华友拍卖行作为全行业积极从事公益慈善拍卖的拍卖企业，通过组织慈善拍卖实践，意识到家庭参与日益积极，更多的青少年出现在慈善拍卖活动中，校园义卖、义拍兴起。华友拍卖行总结长期从事慈善拍卖、公益服务积累的丰富经验，创新研发了全国首创的“小小公益拍卖家”项目。

1. 活动成果

“小小公益拍卖家”体验活动寓教于乐、善，青少年在体验过程中感受一“槌”定音的乐趣，感知幸福，传递关爱，该活动受到学生、家长和学校的普遍欢迎和喜爱。截至 2021 年，已有超过万名青少年、一千个家庭参加体验，线上关注、浏览超过四万人次。通过青少年公益倡导和通识教育，城市和乡村的青少年在体验一“槌”定音的乐趣的同时，体验团队协作、志愿服务，并在体验过程中发现自我价值，提高综合素质，传播善、践行善。该项目于 2019 年在广东省团委领导下的广东省青少年发展基金会成立专项基金，是全国首个“拍卖 + 公益”宣教项目，已在广东、广西开展活动过百场，参加活动青少年超万人。

2. 活动内容

发挥拍卖专业优势，项目总结提炼出慈善拍卖活动主持五部曲：自我介绍、拍品介绍、主持报价、三声报价及落槌成交，不忘致谢并传授同学们；结合实践创造性设计“主持、记录、展示、写单、递单、助拍、结算、移交”慈善拍卖团队体系，让同学们在分组中体会组织一场专业慈善拍卖活动的全流程，在过程中培养了团队意识；捐赠拍品、签订捐赠协议、竞买登记、领取号牌、成交签约、支付交割、获得证书票据，学生及家长在全场景中真正体验了参加慈善拍卖的全链条环节，切身体会了拍卖行业的公平、公正、公开。

3. 传播拍卖精神

拍卖行业是一个注重行业自律和社会责任的行业，让拍卖走进大众生活，让百姓得到拍卖实惠，从而促使拍卖业健康、快速发展，使拍卖业在参与经济建设和促进社会发展的过程中更好地发挥其独特作用，一直是拍卖从业者孜孜以求的目标。但拍卖还不被大多数人熟悉，高端艺术品拍卖、法拍房是社会部分人群仅有的认知。“小小公益拍卖家”活动在课程教学中提出“万物皆可拍”的理念，以拍卖“价高者得”原则鼓励家庭、个人捐拍，并从慈善拍卖延展到日常委托拍卖，从底层培育大众的“拍卖”意识；在拍卖主持教学过程中，注册拍卖师严格按拍卖主持技巧考试规范要求从上而下、从头到脚围绕声音、手势、站姿等进行专业示范、讲授，体现拍卖行业专业高度；对参与竞买的学生，则以财商知识、契约精神灌输量入为出、诚信守约的处事态度，体现拍卖诚实信用原则。

应新时代发展需求，“小小公益拍卖家”项目会继续探索将拍卖专业与青少年慈善公益宣教有机结合，注入更多具有时代教育价值的中华优秀传统文化的精髓，培养青少年社会责任感，树立正确的世界观、人生观、价值观，体现拍卖从业者的新作为、新担当，为慈善公益事业做出更大的贡献。

（二）公益项目策划、执行和效果评价

1. 打造品牌影响力

“小小公益拍卖家”项目围绕提升青少年素质教育、配合乡村振兴发展战略、传承优秀传统文化、普及青少年科学教育、结合建党百年党史教育活动等不同形式主题，先后走进校园、社区、展会、商圈、爱国主义教育基地，得到省市民政部门、农业部门、妇联、学校、街道、企业、媒体、慈善组织、家长及社会各界的认可和喜爱。

2. 政府、公益组织上下联动

广东省青少年发展基金会、广东省慈泉公益基金会对“小小公益拍卖家专项基金”项目的落地及开展给予了大力支持。广东省青少年发展基金会对基金项目的设立、腾讯 99 公益日募捐等给予全流程指导；广东省慈泉公益基金会连续三年向项目捐款，对项目在省内外开展活动给予部分执行费用的支持。

广州市海珠区龙凤街道是“小小公益拍卖家”走进社区的第一站。街道在提供场地、动员艺术家捐赠创作、组织辖区学校及青少年参加活动等方面给予全方位支持。2021 年 8 月，“小小公益拍卖家”全国首个社区实践教学基地正式落户龙凤街道，项目组将打造“党建 + 公益”小小公益拍卖家新模式，丰富社区青少年综合素质和慈善教育、志愿服务内容形式。

2020 年，“小小公益拍卖家”走进广西革命老区百色市西林县的小学、初中、高中校园开展实践教学系列活动，激励少数民族地区青少年奋发读书、关爱他人、热心公益、将爱传递。县五套班子领导出席活动，县教育局统筹部署安排，并将活动写进教工委工作简报，希望将这一慈善公益宣教活动落地、生根、发芽。

3. 带动各界广泛参与

“小小公益拍卖家”项目在2021年成为中国宋庆龄基金会主办的粤港澳大湾区青少年公益年会配套的公益项目，得到中国宋庆龄基金会副主席于群的高度认可。于群在广州、深圳多次听取项目汇报情况，并亲赴广东省揭阳市出席小小公益拍卖家“少年儿童心向党”主题活动，对项目给予极大支持。

广东省政协原副主席唐豪在华友拍卖行调研时听取了林朝晖董事长对“小小公益拍卖家”项目的详细汇报后，对华友全国首创“小小公益拍卖家”活动特别赞赏，认为好的事物包括公益慈善事业一定要从娃娃抓起。在广东省宋庆龄基金会青少年美育委员会成立座谈会上，唐豪为“小小公益拍卖家”创始人林朝晖颁发副主任荣誉证书，对“小小公益拍卖家”项目给予了鼓励和肯定。

广东省民政厅厅长卓志强也对“小小公益拍卖家”项目给予了高度评价，并殷切期望项目更深入、全面、完善，着力培养青少年良好的价值观，让他们长大后投身社会、报效祖国、奉献公益。

广东省妇联主席许红带队到华友拍卖行走访调研时听取了林朝晖结合妇联好家教好家风行动所做的汇报建议，认为“小小公益拍卖家”活动形式很好，与妇联的一些项目有很好的切入点及合作空间，同时可以结合建党百年策划活动，并为妇女儿童事业筹集善款。

4. 获得受众积极响应

“小小公益拍卖家”活动受到城乡广大青少年的普遍欢迎，同学们纷纷以不同形式表达对“小小公益拍卖家”的喜爱。

王 × × 是首批并多次参加体验的学员，尽管已上初中并且学业紧张，但她对活动仍念念不忘，返校后将“小小公益拍卖家”介绍给自己的老师和更多的小伙伴，并就此多次写过作文，不仅获得了学校老师的一致好评，也激发了同学们的兴趣。为了参加学校组织的政治时事演讲活动，她又专门制作了“小小公益拍卖家”经历 PPT。文中不仅将自己对“慈”“善”的理解进行了凝练，还对拍卖的特点、拍卖活动的参与者有着清晰、准确的定位。最令我们感动的是，王 ×× 同学还认真将“小小公益拍卖家”参展中国公益慈善项目交流展示会、亮相广东工业设计产业博览会的案例收录进她的随感中。文章最后，她发出“慈善拍卖是一件非常有意义的事”“常怀感恩之心，珍爱家人，帮助他人”的感悟，要做“最好的我们”。

（三）共生价值的公益传播

“小小公益拍卖家”项目从贴近青少年学习、生活的话题出发，将具有专业性的拍卖知识与具有开放性的体验实践活动有机结合，关注时政热点，培养青少年爱党爱国情怀；紧跟政策走向，帮助青少年全面健康成长；传承传统文化，坚定青少年民族文化自信；拓宽阅历视野，提升青少年综合素质能力；践行传播慈善，引导青少年树立正确的世界观、人生观和价值观。“小小公益拍卖家”项目得到了各界的高度关注，影响范围广，让了解、参与的人都说好，真正实现了行业引领的公益传播价值。

1. 爱国主义教育

中共中央、国务院印发的《新时代爱国主义教育实施纲要》指出，“新时代爱国主义教育要面向全体人民、聚焦青少年”“培养社会主义建设者和接班人，首先要培养学生的爱国情怀”。“小小公益拍卖家”项目发挥体验、实践的主渠道作用，将爱国主义精神贯穿于教育全过程，厚植青少年家国情怀。

2021 年是中国共产党建党一百周年，“小小公益拍卖家”项目通过开展“童心向党”系列活动，讲、颂、展、绘生动翔实的革命故事和切身体验慈善公益拍卖的方式，大力弘扬爱党、爱国、爱社会主义的理念和慈善公益情感，激励少年儿童铭记党的光辉历程，传承光荣革命传统，引导广大少年儿童传承红色基因，赓续精神血脉，争做时代新人。参加活动的孩子在沉浸式体验中学习并汲取奋进成长的精神力量，纷纷表达热爱祖国的炽热感情和感恩奉献的强烈愿望。活动得到中国宋庆龄基金会、省市妇联、广大慈善组织、学校、街道、企业、家长及社会各界的肯定和赞扬。

2. 助力乡村振兴事业

“小小公益拍卖家”项目先后走进广西革命老区百色市西林县、广东省广州市从化区吕田镇、揭阳市揭西棉湖镇等地开展活动，鼓励青少年、留守儿童树立努力学习、立志成才、成就精彩、回报社会的奋斗目标；项目还通过线上线下发起“童心愿，同心圆”行动，帮助广东、广西两地部分留守儿童实现微心愿。

3. 传承优秀传统文化

“小小公益拍卖家”项目关注信息时代下对优秀传统文化的冲击、疏离感以及传统文化产业后继乏人等现状，深入挖掘优秀传统文化蕴涵的家国情怀、人文精神，先后走进广府龙舟文化的典型代表社区、岭南传统文化代表园林，以七夕乞巧民俗手工、舞龙表演、龙舟竞技等本土传统文化、非遗技艺为基础开展体验、艺术鉴赏活动，贯通古今，内化于心，外化于行，使青少年充分感受博大精深的中华文化展现出的永久魅力和时代风采的同时，增强文化自信。

4. 青少年科技科普教育

习近平总书记曾在科学家座谈会上指出：好奇心是人的天性，对科学兴趣的引导和培养要从娃娃抓起。“小小公益拍卖家”项目根据青少年不同成长期的特点，通过开展参观净水厂、走进工业展、关注眼健康、垃圾巧利用等贴近生活的科技科普活动，培养青少年学习和应用科学技术的兴趣。2021 年，“小小公益拍卖家”项目还开创性地参与由中国科协等主办的中国创新创业成果交易会，首次将青少年科技创新主题融入这一国家级展会，并在会上开展省青少年科技创新成果展暨科技成果拍卖会，为广大青少年搭建一个发明创造展示平台。

5. 财商法商融合教育

财商教育越来越受中小学校的重视，“小小公益拍卖家”项目不仅在体验活动中将财商教育列为“规定动作”，还在一些中小学校的财商节（日）活动中组织开展爱心拍卖活动。拍卖主持中的报价、引价，竞买过程中的应价、加价、成交、结算，学习如何创造财富、体验财富增长的乐趣，拍卖体验的确是完整模拟财务创造与管理活动的一种行之有效的方式，同时也是着力培养青少年守约守法精神、社会责任意识的生动场景。

6. 职业启蒙教育

“小小公益拍卖家”活动在潜移默化体验过程中推进青少年职业启蒙教育，以培养青少年掌握技能的兴趣爱好和职业生涯规划的意识能力为着眼点，用有趣好玩的拍卖场景延展开来，让青少年通过组建团队、体验职业来感知和接触真实的社会，培养他们自发完成工作、沟通交流协调、发现解决问题的能力。

7. 网络传播

“小小公益拍卖家”项目创新网络传播青少年慈善宣教、体验、实践活动：自建小程序直播平台，开展直播拍卖体验，线上线下互动，吸引网民关注参与；通过腾讯公益平台开展 99 公益日宣传活动，为开展乡村“小小公益拍卖家”宣教、学习活动筹款；与《中国青年报》、深圳壹基金公益基金会、《每日商报》、杭州残疾人福利基金会、广东省青少年发展基金会在阿里拍卖平台开展“请与我相链”“一万个太阳”“童心愿，同心圆”等牵手帮扶行动，并在线下同步宣传，让城市青少年为帮助留守儿童、自闭症儿童、边远地区儿童实现微心愿，实施艺术疗愈、音乐教室项目传递关爱。

与高校志愿者服务团队共同打造网络云支教活动，面向乡村青少年、留守儿童开展系列云课堂活动，通过推普、美育、普法、安全、爱国主义教育提高乡村青少年综合素质。在2021年7月开展的“乡村振兴·语你公益同行”线上云课堂首次尝试在抖音、快手、B站、小红书等平台同时发布，上线几天观看人数已超万人次。

关心从看见开始——相约“天才妈妈”

中国妇女发展基金会

中国妇女发展基金会（简称“中国妇基会”），1988 年 12 月由全国妇联发起成立。中国妇基会是全国性公募基金会，其面向公众募捐的地域是中国以及许可中国妇基会募捐的国家和地区。

中国妇基会的宗旨是维护妇女权益，提高妇女素质，促进妇女和妇女事业发展，为构建和谐社会做出应有的贡献。

长期以来，中国妇基会着眼于妇女群众最关心、最直接、最现实的利益问题，在围绕妇女扶贫、妇女健康、女性创业等方面，实施了一系列公益慈善项目，取得了明显的社会成效，组织实施的“母亲小额循环”“母亲健康快车”“母亲水窖”“贫困英模母亲资助计划”“母亲邮包”“超仁妈妈”等六个项目获得中国政府最高慈善奖项——中华慈善奖。

CASE

案例 1：关心从看见开始——相约“天才妈妈”，让非遗女性绽放“她力量”

（一）项目背景和意义

中国妇基会从 1996 年开始的助力妇女减贫脱贫、发展项目从小额贷款拓展到就业扶贫、健康服务、环境改善、助学助困等多个方面。2012 年，中国妇基会与联合国开发计划署在玫琳凯（中国）公司的支持下，在云南省楚雄市开展为期10年的促进妇女参与文化产业发展项目。该项目以小额贷款的方式支持妇女参加彝绣生产，在大姚县、永仁县成立了三个彝绣合作社或协会，帮助自产自销的绣娘们实现抱团经营，促进了妇女脱贫和居家就业。2014年，中国妇基会与稀捍行动合作开展“秀她所绣，拯救羌绣”致敬非遗传统文化活动，得到星巴克中国支持。该项目提取锦绣纹样的吉祥形象，巧妙地将非遗绣品转化成IP应用，使之与年轻人的生活方式相契合。这个项目坚持数年，为“天才妈妈”项目内涵外延的深化拓展奠定了基础。

在进入互联网时代后，中国妇基会积极将互联网的优势与项目的实施过程相结合。2015年的母亲节，中国妇基会将收集到的少数民族传统手工艺品以项目形式挂到网上，两周内就有近一万名网友捐赠40万元。2016年，中国妇基会联合北京蚂蚁力量手工艺文化发展中心发起“妈妈制造”公益项目。借助腾讯99公益日活动以及企业、爱心网友的支持，“妈妈制造”项目共筹款200多万元。

经历了几年的公益实践，中国妇基会深切体会到，项目的政治生命力和社会影响力要契合时代的主旋律。主题宏大而接地气的项目能产生更大的感召力。2019年，中国妇基会在彝绣工坊、女性文创扶贫等项目群基础上，重新升级打造以“非遗＋文创”为核心的“天才妈妈”项目，将女性发展直接提升到乡村振兴战略的高度，并通过腾讯公益、支付宝等平台继续开展众筹。捐赠一份爱心即可获得一份手工艺产品的捐赠回馈形式，为项目持续提供了资金和订单支持。

由于传统性别观念及现实公共资源配置不均衡，社会对非遗市场女性主体宣传严重不足。此外，偏远地区妇女生活半径狭窄，社会支持网络单一，加剧了她们利用非遗技艺减贫致富的不确定性。为此，中国妇基会以促进性别平等为核心价值，充分利用“天才妈妈”项目的平台优势，整合更为丰富的资源。中国妇基会尊重各类社会力量的价值认同与参与热情，让组织与市场、项目与专家、机构与媒体之间的合作更畅通，推动智力、管理、资金、营销及传播等资源相互碰撞、融合增值，形成完整的产业生态链闭环。“天才妈妈”项目的平台优势帮助更多农村妇女拥有一技之长，提高她们在乡村振兴中的参与率和贡献率，促使更多人了解和尊重她们对民族文化的贡献。

（二）公益项目策划、执行和效果评价

1. 讲好妈妈们的故事，让更多人看见

甘肃东乡，可能很多人都没有去过，听起来甚至有些陌生。这里的生活条件比较艰苦，“男主外、女主内”的传统思想在东乡根深蒂固，东乡女人们基本上是“不敢出门、不能出门、出不了门”，大家都只能留在家中承担着繁重的家务和农活，她们一辈子可能都很难走出大山，对于生活也没有什么选择的权利。

但是她们的故事深深地打动着我们每一个人。其中一位有抱负的年轻人说：“全世界都变了，我的家乡却没变，我想让她们站起来、被尊重。”这个年轻人就是东乡刺绣枢纽的带头人马萧萧。2017 年她返乡创业，希望通过手工艺带动当地妇女脱贫致富，但最初村里很多人都不理解她，觉得城里读书回来的孩子做这个没前途。

从最开始挨家挨户走访，没有人愿意相信她，到自己拿钱去收乡亲们做的绣品，让大家能够看到希望，认可这个事，愿意跟着她干。“最难的时候，把结婚时候买的首饰都卖掉了，还需要用信用卡套现过日子。”她说道。

但即便是这么困难，她都一直没有放弃，慢慢地绣娘们能稳定地接一些绣活了，从刚开始的每月几十块再到几百块。当她们拿钱回家补贴家用的时候，家人也慢慢开始接受这是一件可以做的事情。

这是为爱奔跑的甘肃东乡刺绣枢纽带头人马萧萧的故事，各地像她这样的妈妈有很多，每个人都在用自己的方式“战斗”，每个人都有不凡的精彩人生，“天才妈妈”项目想把她们的故事讲给全世界听。

2. 设计一个有爱的公益项目，让妈妈们不再远走他乡

设计一个公益项目，让年轻女性更愿意留在家乡或者回到家乡，让大家可

以拾起祖辈传下来的好手艺，实现在家门口就能够“带娃、挣钱、养家”是中国妇基会一直以来探索的方向。自2009年起，中国妇基会就在尝试把妇女扶贫和文化扶贫进行结合。2019年起结合国家战略需求，中国妇基会在助力手工艺困境女性发展的基础上升级打造品牌公益项目——“天才妈妈”，通过“工坊运营、培训赋能、设计创新、订单扶持、市场联结”的守护模式，联结共创可持续发展的项目模型，为非遗手工艺女性赋能，打造文化保护、传承、发展与输出的全新生态。

以东乡为例，通过系统的培训学习，绣娘们真正感受到了山外的世界，不仅收入提高了，自信心也提高了。中国妇基会联合碧桂园通过“产业+就业”相互融合的方式，已先后开展了18期“绣美东乡”刺绣培训，培训绣娘近千人，平均每人每月收入在1500元左右，高的能有三四千元，顶得上以前各家各户一年的收入。通过和企业联合的各类合作及推广，采购、帮销近10万个订单，实现近1000名东乡妇女居家就业增收，如今东乡妇女靠手艺挣点零花钱已不是难事。

3. 创造多元化的非遗场景体验，赋能公益传播

其实并不是每一个人都可以在了解她们故事的时候能够感同身受，如何通过鲜活的故事来感染身边更多的人加入“天才妈妈”项目，是中国妇基会一直探索的方向。如果这是一道命题作文，中国妇基会的解法是创造多元化的体验场景，让大众走进中国妇基会的公益项目，感受真实的她们。

除了把不同的资源引入大山，中国妇基会也启动了“星巴克乡村妈妈加速计划”，让妈妈们走出大山，让手艺走进城市，缩短消费者和妈妈们的距离，创造多元化的非遗场景体验。项目在全国10个城市已开启中国非遗文化的顾客体验沙龙活动，很多一线城市的消费者都可以和妈妈们面对面体验一门手艺，每到周末的时候就可以看到店面多了很多来学习体验我们的传统文化的消费者。

2021年7月，中国妇基会发起“移动梦想工坊”公益计划，把“公益+体验”结合快闪店的思路进行融合，把大山里的梦想工坊复制到城市，方便更

多公众参与分享其公益项目。在看到这些精美的手艺时，公众也能够参与到项目中来，和孩子们在周末一起学习一门手艺，亲身感受传统手作的魅力，在城市里感受不一样的“慢时光”。

未来，妈妈们的手艺课也将走进校园，成为孩子们课余时间拓展知识、加强动手能力的好玩伴；走进家庭，成为周末家庭亲子体验的新思路，让更多的大朋友、小朋友加入到非遗传承的现实行动中来。中国妇基会也在逐步探索通过数字化手段创作一些有关非遗的数字内容，以便更多人了解分享非遗。

4. 拓展“非遗＋”模式，让公益品牌产生“涟漪”效应

为了让更多的人能够了解和关注“天才妈妈”项目，除了创造多元化的非遗场景，拓展“非遗＋”模式也是一个新思路。中国妇基会尝试邀请明星传播官、艺术家助力，亲临现场参与活动，通过明星、艺术家的影响力来助力项目传播，让公益品牌产生“涟漪”效应。截至 2021 年 12 月，“约会天才妈妈”的微博话题，传播点击量超过 1.2 亿。

目前，很多媒体和互联网平台不断运用一些新的方式助力妈妈们的故事传播。2021 年，中国妇基会与腾讯视频、阿里公益、抖音等平台开启直播活动，为妈妈们带货，真正做到了数字化助力公益项目提速，让“货”比人先一步走出大山，让更多的人能够在了解和看到项目的同时还能直接帮扶转化，累计创造了超过 50 万元的收益。

2021 年 7 月，“天才妈妈 × 抖音轻漫”计划发起移动梦想家活动，结合抖音千万级原创动漫形象萌芽熊、阿狸进行线上线下联动，发起线上 IP 公益贴纸活动，通过打造人人可参与的公益机制，让每一位参与的受众都成为传播者，大众可以通过发布贴纸视频为“天才妈妈”们赢得爱心企业碧桂园捐赠的配捐额，让公益传播产生“涟漪”效应，话题关注超过 1800 万。

未来中国妇基会将持续探索出更多结合公益传播、公益 IP 打造、公益产品开发等方面的新模式，激发出“非遗 +”模式的更多潜能，创造出更多的可

能性。

5. 以公益做桥，为乡村女性联结希望

“这是我第一次来北京，第一次走秀，以前从没敢想过……”马兰花开心地和我们分享着这一次人生的新尝试，可以看出她既紧张又兴奋地期待着即将开始的走秀。

“天才妈妈 × 东乡绣娘”公益时装秀是一场公益秀，走秀开场的不是专业的模特，都是来自甘肃东乡的“天才妈妈”，此次走秀服装上的很多刺绣和配饰，也都是妈妈们亲手绣制的。半个小时很快过去，好多“天才妈妈”都说和做梦一样，现场的很多嘉宾都觉得非常震撼，感慨一个公益项目竟能够走上时尚的舞台，通过这种形式向人们展示公益项目的成果，真的很棒。

这是一次新的尝试，乡村手艺人开场、奥运冠军走秀、明星为爱代言都被巧妙地有机结合，通过短短半个小时的走秀活动，让上万人快速认识了中国妇基会的公益项目，为“天才妈妈”们打开了一扇窗。公益和时尚这两条看似平行的线，居然可以这么好地融合，也正源于这一次的探索，让人们发现了公益传播的无限可能。

公益往往被误解为“卖惨”，其实公益也可以时尚有趣，“天才妈妈”项目希望传递给大家的是妈妈们积极面对生活的价值观，也正是不断的探索和创新为项目带来了新的思路。

不断有伙伴因为看到妈妈们的故事来关注“天才妈妈”项目，不断有艺术家、设计师为宝藏手艺所吸引，不断有合作伙伴通过活动的传播来加入“天才妈妈”项目，也正是这样的改变，让人们看到了乡村手艺人的另一种可能。在公益这座桥梁的加持下，偏远地区的非遗文化手工艺人拥有了走出来的机会，传承困难的非遗文化有了新的时代窗口，大众参与为非遗产品商品化开拓了新的契机。

（三）项目公益传播中的理念、方法和策略

为解决非遗手工艺生产性保护开发和农村妇女发展面临的困境，中国妇基会经多年实践探索，升级打造了基于“非遗+”的“天才妈妈”项目。从2009年的小规模手工艺工坊女性创业项目支持到现今全面铺开的非遗传续，“天才妈妈”项目经历了从单纯依靠企业捐助到适应“互联网+”趋势，最广泛聚合社会资源，从推动乡村妇女减贫脱贫和就业到自觉对接乡村振兴宏大战略，打造开放包容、合作共赢的平台；从订单外包到将女性传承人组织起来走产业化道路，从国内发展到走出国门的过程。

1. 有效整合各方资源，助力公益传播

“天才妈妈”项目自发起之日起就赢得社会各界热烈的反响和呼应，汇聚了一支多功能、多层次、全方位支持的社会力量，形成了一个开放包容、合作共赢的平台。设计师联创中心自愿加盟，明确高端定制的设计思路，在服装、饰品、鞋包等用品上嵌入、融合非遗的绣片或纹样，在凸显东方美学元素的同时增添现代美学的灵动张力，从而提升非遗的美学价值和竞争力，占据消费市场的制高点。北京大学、清华大学、北京服装学院、剑桥大学等高等学府着眼于组织管理和人力资源培育，为手工艺带头人和社员提供技能和人力资源培训并进行适度监管，保证项目高质量运行。社会组织和企业积极履行社会责任，帮助突破项目初期资金不足和后续发展的瓶颈。腾讯、百事、星巴克、碧桂园等知名企业在产品开发上发挥自身优势，促进非遗成果时尚化、更好融入现代年轻人的生活。唯品会、腾讯优品、天猫新文创、小红书等互联网公司提供了电商销售平台，打通了乡村与城市、中国与国际的通道。线上线下的各类广告公众曝光量达数亿次。2019年，中国妇基会与尤伦斯当代艺术中心毕加索展览合作，邀请18位明星和知名设计师举办“约会天才妈妈”慈善之夜活动。观看直播的人数超过70万人次，微博话题阅读量超过1亿次。2020年，“天才妈妈”项目在海南黎锦梦想工坊与17位主播和博主进行场外直播接力。当日公益直播共40万人次参与公益义卖互动，人气值高达1.6亿，进一步扩大

了品牌项目的知名度和影响力，让妈妈们一步步走进大众视野。

2. 走出国门，将女性对非遗的传承推向世界舞台

走出国门是最有说服力的传播窗口，一方面能够让世界从中国女性的巨大成长变化中看到中国非遗文化的有效传续，另一方面能够促使中国女性更加自信与执着地投入非遗的传承与创新中。中国妇基会作为全国性的具有公募资格和联合国经社理事会特别咨商地位的机构，有条件、有义务把中国女性与非遗文化相关的工作进行海外传递。2015—2018年，中国妇基会连续在美国纽约联合国总部、英国、法国举办女性可持续发展论坛暨女性手工艺创新展，向世界展示中国女性对几千年历史传承的尊重、坚守和创新。2018年，中国妇基会邀请剑桥大学嘉治商学院的两位设计师加入“天才妈妈”设计师团队，开启了中英文化、设计等领域的长期有效合作。

（四）总结和思考

“天才妈妈”项目致力于动员组织妇女参与非遗传续实现脱贫致富，形成了包括市场化产业化思维、赋权增能、合作社模式、互联网运用等在内的工作经验。例如，少数民族非遗的民族性、传承性和稀缺性决定了其经济价值具有极大的增值空间，市场前景良好。“天才妈妈”项目在这种经济文化发展大势下找到非遗传续与女性优势相结合的最佳切入点，运用市场化、产业化思维将非遗技艺转变为文化消费市场的潮品，发挥文化富民的作用。同时，“天才妈妈”项目突破传统公益慈善的救助范畴，注重妇女赋权增能，通过多种途径让更多乡村女性成为文化匠人和带头人，从而改变她们的观念，提升她们的自我发展能力，在乡村振兴中促进妇女的发展。乡村妇女从足不出户到成为世界文化价值创造者，用技艺和智慧抢救了古老的文化并赋予其新时代精神，成为乡村振兴中宝贵的人力资源。“天才妈妈”项目还利用合作社的机制把习惯于单兵作战的妇女组织起来，聚集了一支乡村振兴的生力军。合作社以传承人为核心，通过专业技术培训让非遗的核心技艺和文化价值得到完整保护，并在不同公益力量的支持下扩大生产规模、保障质量，实现脱贫致富。更重要的是，合

作社的现代公共性特征将妇女从狭隘的私领域引导出来，在现代意识的影响下从被动到主动、从盲目到自觉，凭借信仰、智慧和力量成为乡村发展中重要的参与主体。最后，“天才妈妈”项目借助互联网科技创新，跨越地域、历史的阻隔，帮助农村妇女和她们的作品走出大山、走出国门，与不同的文明开展交流对话。新时代农村妇女将传统手工艺转化为全人类共享的文化财富和艺术瑰宝，体现了中国智慧，承载了中国价值。

未来，中国妇基会将持续探索多元化的模型，讲好公益故事，通过更多创意有趣的活动，引导、帮助、支持困境女性在事业、家庭、社会等各个层面，勇敢表达、坚定信念、开拓创新，实现可持续发展。中国妇基会希望公益这座桥梁为广大乡村的女性联结希望，寻求发展，让明天更美好。

CASE

案例 2：“万里长征路·母亲健康行”母亲健康快车爱心巡诊活动

（一）项目背景和意义

为庆祝中国共产党成立 100 周年，推进党史学习教育走深走实，中国妇基会按照全国妇联“巾帼心向党，奋斗新征程”主题活动及“我为群众办实事”工作部署，依托“母亲健康快车”公益项目，整合慈善资源，深入开展“善行百万家，礼赞新时代”行动，大力推进“万里长征路·母亲健康行”系列爱心巡诊活动。沿着当年的长征路，在长征沿线的部分省份开展健康爱心巡诊活动，深入实施健康中国行动，学习红色历史，缅怀先辈伟业，发扬红色传统，传承红色基因，走进千乡万村，重温激情岁月，接力慈善大爱，真正做到了党员干部受教育、沿线群众得实惠。

（二）公益项目策划、执行和效果评价

1. 突出重走长征之路寻党史，让党史学习教育“火”起来

活动巧妙将行动路线与红军长征路线相结合，走进江西省赣州市于都县、

四川省泸定县、贵州省遵义市、甘肃省会宁县等地，组织广大党员志愿者、老区妇女群众走进江西省于都县中央红军长征出发地纪念馆、飞夺泸定桥旧址及纪念馆、遵义会议会址等地进行党史主题学习教育，通过开展缅怀革命先烈、寻访红色地标、寻找英雄模范等系列实践活动，追寻红色记忆，接受精神洗礼，感受信仰的光芒，增强使命担当，更好传承和弘扬长征精神，广泛团结广大妇女群众，迎接新长征，携手再出发。

2. 组织党员群众携手讲党史，让党史学习教育“潮”起来

活动开展期间，中国妇基会积极组织志愿者与当地党员群众举办红色诗歌朗诵、红色故事宣讲、红色知识抢答、红色文艺汇演等丰富多彩的节目，以最新潮、最鲜活的表现形式表达对党和祖国的热爱和感激之情，进一步激发广大党员群众爱党、爱国的情怀，再次彰显了“长征是宣言书、长征是宣传队、长征是播种机”的时代伟力。例如，在江西于都河畔，当地志愿者代表朗诵了《站在长征出发的地方》，诗歌将我们带到红军长征出发的峥嵘岁月，再次将“军爱民、民拥军、军民团结一家亲”的和睦画面呈现在眼前。在四川泸定，积极邀请当年参加“飞夺泸定桥战役”的红军家属进行革命故事分享，深切缅怀革命先辈，继承和发扬红色优良传统。接下来，还将在最后一站——甘肃会宁站，朗诵表演本次活动主题诗歌《“金钥匙”翻越千山万水》。

3. 通过为民办实事践党史，让党史学习教育“实”起来

活动坚持将把“为民办实事”贯穿始终，积极联合相关领域医疗专家以及医生党员志愿者深入基层，通过坐诊、入户、培训等多种形式，为老区人民送去实实在在的健康服务，为健康中国行动做出积极贡献。活动期间，中国妇基会将向活动沿线的革命老区捐赠价值约 924 万元的 47 辆“母亲健康快车”，预计为近 5 万人提供义诊筛查、科普宣教、带教培训、远程会诊等多种形式的健康服务。同时，在陕西延安援建了两间乡村卫生室，对来自甘肃会宁、陕西延安、江西于都等革命老区的 60 名乡村医生，进行了 5 天线下授课培训和 5 天义诊带教深度培训。马坊村乡医刘红舞说：“活动给我带来了难得的学习机会，

能学到真本事！”来看病的大娘说：“在援建的卫生室看病，花钱少，效果好，以前要进城里看的病在这就能治了，少跑腿，还方便，小病不用出村了！”

“万里长征路·母亲健康行”活动将继续沿着红军长征路线到红军胜利会师地——甘肃会宁，通过捐赠医疗救护车及药品、健康义诊咨询、卫生室援建及乡村医生培训、远程医疗帮扶等多种形式的健康服务，让革命老区群众拥有更多获得感、幸福感、安全感。

（三）项目公益传播中的理念、方法和策略

1. 弘扬长征精神，传播慈善大爱

在推进“万里长征路·母亲健康行”母亲健康快车爱心巡诊活动的过程中，传播理念与行动贯穿项目始终。活动期间，中国妇基会积极组织志愿者与当地党员群众举办革命故事分享、红色诗歌朗诵等丰富多彩的节目，重温党史，引导广大妇女坚定不移听党话、跟党走，缅怀革命先辈，继承和发扬红色优良传统。“万里长征路·母亲健康行”爱心巡诊接力活动的传承信物“金钥匙”从长征出发地江西于都河畔传递到四川泸定大渡河边，这枚“金钥匙”如同革命的火种一般，将随爱心巡诊医疗队一路前行，直到巡诊的最后一站，即红军胜利会师地——甘肃会宁。“金钥匙”沿着当年的长征路翻越万水千山，走进万乡千村，重温激情岁月，接力慈善大爱。

2. 整合慈善资源，传递公益能量

中国妇基会整合慈善资源，将关爱带给革命老区的妇女群众，为广大妇女和家庭办实事，为百万个家庭送去党的温暖和关爱。此次，“万里长征路·母亲健康行”爱心巡诊活动将联动多家“母亲健康快车”项目医院，在当地的社区、乡村、医院、学校开展多种形式的健康服务，邀请相关医疗专家来到妇幼保健院，进行妇产科、儿科、新生儿科的专家查房带教和疑难案例分析等形式的公益培训，为健康中国行动做出积极贡献，传递公益的能量，播撒大爱的种子。

敦和基金会慈善文化资助领域的传播倡导

浙江敦和慈善基金会

浙江敦和慈善基金会（以下简称“敦和基金会”），成立于2012年5月11日，是一家资助型基金会，2019年被浙江省民政厅评为“5A级社会组织”。

敦和基金会以“弘扬中华文化，促进人类和谐”为使命，秉持“尊道贵德”的价值观，深耕于文化传承、公益支持、慈善文化等领域。

成立至今，敦和基金会发起并共建浙江大学马一浮书院、北京师范大学跨文化研究院、深圳国际公益学院，支持创办西湖大学、中国艺术研究院艺术与人文高等研究院等教育和研究机构；策划实施了“种子基金”“优才计划”“竹林计划”“菡萏计划”“善识计划”等一系列品牌项目；参与发起或支持了资助、筹款、评估等公益慈善行业基础设施机构；资助“慧育中国·山村入户早教计划”，支持浙江省内及其对口帮扶地区（四川、新疆等地）的民生发展。

为回应中国公益慈善的文化精神缺失问题，以加强公益慈善伦理文化及其对慈善行为的支撑，持续探索本土慈善价值体系、理论体系、知识体系的构建和应用，促进公益慈善领域理论与实践、传统与现代、本土与国际之间的融会贯通，敦和基金会2016年开辟慈善文化资助领域，并逐步确定慈善研究、慈善教育和传播倡导三个组成模块。在坚持机构整体传播原则的基础上，敦和基金会根据慈善文化领域的传播倡导的实际情况采取了针对性的传播举措。

敦和基金会整体传播工作坚持两大原则：谦卑精神和专业精神。谦卑精神在传播中表现为适度与平衡，专业精神体现为践行深度为主、及时为辅、美观为常的理念。项目传播的目标主要是助力项目运营、凸显和倡导项目价值、提升项目影响力等。慈善文化资助领域三个模块的布局以慈善研究与慈善教育相辅相成，传播倡导贯穿其中。

这里选取慈善研究、慈善教育、传播倡导三个模块中在传播方面具有代表性的项目，通过分析项目实际情况及其匹配的项目传播理念与方法，以期呈现敦和基金会在项目传播中的价值倡导与思考。

慈善研究

CASE

案例 1："敦和·竹林计划"——支持青年学者开展慈善研究

（一）项目背景和意义

针对我国公益慈善事业的慈善研究滞后于公益实践、研究与实践相对脱节等现状，敦和基金会尝试推动慈善研究多学科融合以促进研究范式转变，探索基于中国现实国情和历史文化，同时指导公益实践和社会发展的慈善研究范式的构建路径，助力该议题领域的整体构建以及理论与实践的协调发展。

2018 年，敦和基金会联合公益慈善学园[①] 以 1998 — 2017 年发表在核心期刊的 7909 篇公益慈善相关文献为研究对象，梳理了"慈善研究"议题领域的历史脉络及存在的问题。研究发现：

第一，在学科背景方面，慈善研究的主要阵营呈现公共管理"一家独大"的趋势；

① 公益慈善学园是由国内外公益慈善领域的专家学者构成的研究网络、学术交流及学术成果展示平台。

第二，在课题资助方面，慈善研究以政府纵向课题资助和政府委托决策咨询课题为主；

第三，在成果发表方面，公益慈善领域属于边缘学科，迄今没有一本专门的核心期刊，主流期刊对慈善研究选题普遍缺乏重视；

第四，在研究能力方面，大多数慈善学者缺少规范的社会科学研究方法训练，很多研究成果缺少科学严谨的研究方法，研究结论多偏主观；

第五，在研究人才方面，根据公益慈善学园 2016 年的统计，40 岁以下的学者占 71%，40 岁以上的占 29%，青年学者占比非常高，但缺乏发展机会和相应的资源支持。

基于以上研究，“敦和 · 竹林计划”旨在资助青年慈善研究学者开展理论与实证深入研究，打造多学科背景竹林学者群体，提升慈善研究特别是慈善文化研究对学界和公益慈善领域的影响。

（二）公益项目策划、执行和效果评价

“敦和 · 竹林计划”作为中国民间社会力量在慈善研究领域构建基于中国传统和文化的本土话语体系和研究范式的一种探索，自 2016 年 5 月 4 日第一期启动以来，逐渐形成了慈善研究课题资助、青年人才及网络平台、成果转化及资源联结的资助框架结构，并形成了资助课题、专项课题、竹林论坛和工作坊四大资助模块。

其中，资助课题旨在激励青年学者的学术志趣，侧重公益慈善的创新性、前沿性研究；专项课题旨在支持慈善文化意识及其转化研究，侧重慈善文化研究的系统性、理论性；竹林论坛致力于搭建公益慈善领域的跨学科高端学术论坛，以期进一步推动公益慈善多学科融合与研究；工作坊旨在为青年学者营造学术互动平台，促进学者研究能力和交流深度的提升。

截至 2021 年 6 月，项目累计支持了 138 位青年学者，课题研究 163 份（已

结题 114 份），支持了 16 人次参与国际学术交流，凝聚竹林学者社群网络 180 余人，举办了五届竹林论坛。

在 114 份竹林课题结题成果当中，课题衍生成果的转化率超过 50%，其中 50 余篇论文在国内外期刊上发表，10 余篇发表于国际学术会议（ARNOVA、ISTR 等），3 份成果转化为内参决策报告，还有两本专著。第三、四、五届竹林论坛在中国社会学会学术年会的分论坛（公益社会学）上举办，并连续三届被中国社会学会学术年会评为优秀论坛。

（三）项目公益传播中的理念、方法和策略

“敦和·竹林计划”（四期）的项目传播，重在从传播角度回应和支持项目目标的达成。根据项目的推动方向、目标受众、实际执行情况等因素，制定项目传播方案并推进执行。

1. 传播目标回应项目目标

在竹林计划的几大构成模块中，课题招募和竹林论坛深度协同，项目的主要目标之一是“提升慈善研究特别是慈善文化研究对学界和公益慈善领域的影响”，目标受众主要是人文社科领域的青年学者、专家等。基于此，竹林计划的项目传播策划与执行，从传播节奏的把控、传播文章的系列构成、渠道的选择与开拓等方面对项目传播目标进行了有效的回应。

2. 传播内容注重深度与传播性的平衡

项目通过对系列文章主题方向的规划及具体文章的内容布局，体现项目所倡导的价值理念。2020 年，“敦和·竹林计划”（四期）在课题招募、课题重要成果、项目系统解析、竹林论坛系列成果（公益慈善与治理转型）等方面产出了 11 篇深度文章（见表 2–1）。其中，竹林课题（四期）的项目招募文案，从项目与传播视角进行了反复推敲与修改，从实用角度出发，注重招募文案的架构清晰、要点简洁；从价值倡导引领的角度出发，注重呈现项目背后所关注的问题，解决问题的必要性，以及项目的行动理念与方法，期望促进更多的价

值认同，进而激发议题各相关方共同推动问题的解决。

表 2–1　“敦和 · 竹林计划”传播内容系列专题一览

分类	文章题目
项目资助策略	资助型基金会如何建构议题领域：以“敦和 · 竹林计划”资助迭代为例
课题招募	诚邀青年慈善学人开展慈善研究，敦和 · 竹林计划（第四期）正式启动
课题成果	吕鑫：慈善信托已经构成当代慈善事业发展的一种基本运作模式
竹林论坛	聚焦公益慈善与治理转型，中国社会学会 2020 年学术年会第二届公益社会学论坛暨第四届敦和 · 竹林论坛征文通知
	诚邀学界同仁共议“公益慈善与治理转型”中的理论和实践问题
	倒计时 3 天，近 50 位学界同仁将在杭州共议“公益慈善与治理转型”
	跨学科碰撞，青年学者齐议“公益慈善与治理转型”
	如何建立多主体良性互动机制？专家学者为基层治理建言献策
	关于慈善研究，青年慈善学人在关注什么
	朱健刚：公益慈善在治理能力现代化中可以发挥哪些作用

3. 聚焦目标受众，有针对性地开拓正式 / 非正式的渠道

通过开拓触达人文社科领域专家学者的有效渠道，促使项目为更多的目标受众所了解。在推广项目招募文案的过程中，项目开展多渠道联合传播，累计转载平台超过 15 家，针对的目标受众是多学科的学者，因此重点跟“文化纵横”“爱知学者”“社会学吧”“公共管理评论”“学人 Scholar”“公共管理共同体”等渠道合作，招募文案的累计阅读量超过 16 000 次。与此同时，为更精准有效地触达目标受众，项目还邀请领域内有影响力和号召力的学者共同发声，以及通过学者社群、朋友圈、邮件等正式 / 非正式渠道触达更多目标受众。

4. 内外协同的传播模式，助力论坛整体传播成效

第四届敦和 · 竹林论坛的传播，采取了敦和基金会内部（项目 + 传播）与外部传播伙伴协作的模式，确保论坛在整体视觉、论坛系列成果产出、传播内容渠道扩散等方面的整体效果。敦和基金会主要扮演整体传播策划与统筹的角

色，系统规划传播节奏与产出内容，沟通视觉呈现调性与推进节奏等。通过各方的协同配合，沉淀论坛重要系列成果，并进行有效推广和扩散。

5. 视觉有效传达项目主旨

第四届敦和·竹林论坛采用与竹林计划项目匹配的竹林意象，字体的选择和远山的搭配传递稳重大方的视觉效果，跟竹林论坛学术研讨的整体调性相呼应。设计采用高明度、低纯度的色彩搭配，营造淡雅、质朴的画面氛围。整体画面布局根据项目传递的主次信息排布视觉节奏，居中对称的布局方式传递出稳重与秩序感。

最终，竹林课题（四期）招募总共收到课题申请 239 份，最终与 41 位青年学者达成合作。通过前期招募的充分扩散，从传播角度助力项目收到更多的申请，这有助于项目了解该领域更普遍的生态情况，同时样本量足够大，也有助于从中评选出更匹配的合作伙伴，进而从传播角度助力项目成效。“敦和·竹林计划”（四期）共计产出 11 篇系列文章，在敦和基金会微信公众号上阅读量超过 14 000 次，传播内容累计被其他平台转载超过 33 次。

CASE

案例 2：《华人慈善：历史与文化》

（一）项目背景和意义

由敦和基金会资助，朱健刚教授和武洹宇博士以及多位学者研究撰写的《华人慈善：历史与文化》一书，力图从文化类型的视角来看待华人慈善，尽可能以通俗易懂的语言呈现对华人慈善文化的整体描述与概括，为当代公益慈善事业打开立足本土的纵深视野。

书中提道：

在过去的 20 年，人们将太多的注意力集中在以公民身份为基础的现代公益慈善、非营利管理和社会政策，以致对那些始终延续和再造的慈善传统几乎熟视无睹。但看起来不断创新的现代公益慈善事业也难免让人在某个时刻感到疲惫，浮起无根的焦虑。这就驱使着生活在这个文明古国的实践者们再度回到历史与文化的脉络中去，重新寻找那些可能常存的力量。①

（二）公益项目策划、执行和效果评价

《华人慈善：历史与文化》由南开大学社会学系教授朱健刚、中山大学社会学与人类学学院人类学系博士后武洹宇负责项目的整体运作和主要章节思路的厘定。该书从繁芜多元的中华慈善文化现象中提炼出六种基本的作用模型——宗族慈善、宗教慈善、地方慈善、民族慈善、海外华人华侨慈善和公民慈善，并探讨了它们的逻辑起点、历史过程以及典型个案。

《华人慈善：历史与文化》是国内第一本从文化类型的角度探讨华人慈善的教材。项目组试图勾勒中华慈善文化的基本作用类型，并努力呈现这一领域历经“现代转型”的结构过程，以建构中国自身慈善文化的内生脉络及其与世界互动的论述话语。这些问题不仅没有现成的答案，而且经常面临原始资料阙如，专业难度较大，需要多个学科原创研究者的鼎力支持。

因此，项目的撰写团队由人类学、历史学和社会学等学科背景的中青年学者组成，其中绝大部分章节脱胎于作者的博士论文或多年研究积累，并于实际写作过程中不断讨论和深化。整个写作过程长达两年，其间作者走访广州、汕头、佛山、中山、保山、南京、昆明等地，查阅各地图书馆、博物馆与档案馆的史料和实物，根据不断发现的新史料和持续产生的新观念反复修改。

《华人慈善：历史与文化》这本书在一定程度上填补了国内慈善文化教学方面的教材空白。在出版之际举行的敦和雅集中，教材章节的内容展示也受到业界各方专业人士的积极回应与良好评价。

---

① 朱健刚，武洹宇 . 华人慈善：历史与文化 [M]. 北京：中国社会科学出版社，2020.

“慈善研究应该超越公共管理的研究范式，在历史文化的大视野中展开，应该在更广阔的人文社科的研究范式中，通过扩展哲学、历史、社会学、人类文化学等方式来深入，朱健刚、武洹宇等的《华人慈善：历史与文化》是一个很好的尝试。”①

（三）项目公益传播中的理念、方法和策略

为有效传播《华人慈善：历史与文化》的研究成果，促进慈善文化相关议题的研讨，进而弘扬慈善文化，敦和基金会与广州公益慈善书院联合举办了一期敦和雅集。

在雅集活动的推进过程中，项目同事与传播同事深度协同，通过系统策划传播方案、全流程跟进执行等方式，深度参与到项目的整体推进中，有效支持了《华人慈善：历史与文化》新书发布活动的顺利举办，并确保了活动良好的关注度、参与度、互动质量和传播效果。

1. 视觉有效传达项目主旨

活动举办前期，结合《华人慈善：历史与文化》相关议题的主旨内涵，匹配了一整套的视觉设计，包括主视觉、嘉宾海报等。其中，为突出主题的历史感，整体画面以黑白色调为主，视觉意象选取树木年轮的线条并匹配木刻字体，使活动主题内涵与视觉呈现更有机的融合。

2. 提升参与观众的互动质量

在前期招募线上观众的报名表中，项目特别征集了观众对于慈善文化相关的疑问和困惑，一方面了解关于慈善文化行业的普遍困惑是什么，总共征集了220多个慈善文化相关的问题；另一方面选取其中具有代表性的重要问题在雅集活动的互动问答环节进行回应，保障互动和议题探讨的质量。在此基础上，提炼出其中具有代表性的10个问题，发布在公众号上，推动相关议题在更大

---

① 朱健刚，武洹宇．华人慈善：历史与文化[M]. 北京：中国社会科学出版社，2020.

范围内引发互动讨论。

3. 凝聚议题社群

通过前期招募线上观众，凝聚一批关注慈善文化思想交流的人士，并在社群当中常态讨论慈善文化相关议题。社群因一期敦和雅集得以凝聚，在后续的慈善文化交流、讨论中，议题的延展性不断丰富，这也促使慈善文化交流互动成为常态化。

4. 制作嘉宾精彩观点海报

在活动正式开始前，制作好嘉宾海报模板，根据嘉宾现场发言，实时摘取精彩观点，在雅集活动后，第一时间通过敦和基金会微信公众号，将嘉宾们的精彩发言观点系统地分享给更多的受众。

5. 注重传播内容的系统性、倡导引领性

项目传播累计发布了7篇系列文章，包含活动预告与核心产出，以及《华人慈善：历史与文化》一书提纲挈领的核心内容（见表2–2）。

表2–2　《华人慈善：历史与文化》传播内容系列专题一览

分类	文章题目
敦和雅集活动内容	活动报名 | 朱健刚等学者邀您共话“华人慈善：历史与文化”
	干货速览 | 关于“华人慈善：历史与文化”，嘉宾们重点分享了这些
	关于慈善文化，这些问题在等待属于它的答案
《华人慈善：历史与文化》一书框架性内容的核心摘选	陈越光：为什么需要在历史与文化的大视野中展开慈善研究
	如何理解公益慈善、文化与中华慈善文化
	朱健刚、武洹宇：概述中华慈善文化的六种类型（上）
	朱健刚、武洹宇：概述中华慈善文化的六种类型（下）

最终，活动累计有308位观众报名，凝聚了“慈善研究—思想文化交流”社群200多人。发布了7篇系列传播深度文章，累计被其他传播平台转载7次。

慈善教育

CASE

案例：“敦和·菡萏计划”——支持公益慈善学历教育发展

（一）项目背景和意义

随着公益慈善事业的快速发展，我国每年参与公益慈善事业的人数不断增多，但人才缺口远远大于从业人数。公益慈善专业人才的不足已经严重制约了我国公益慈善事业的发展。根据2021年9月30日《民政部关于印发的〈“十四五”社会组织发展规划〉的通知》的最新统计数据，截至2020年底，全国社会组织吸纳就业1061.8万人。到2025年，社会组织专职工作人员的发展预期指标达到1250万人。

在中共十九大报告中，社会组织被纳入中国特色社会主义事业“五位一体”的总体布局。《慈善法》中强调：“学校等教育机构应当将慈善文化纳入教育教学内容。国家鼓励高等学校培养慈善专业人才，支持高等学校和科研机构开展慈善理论研究。”民政部《“十四五”社会组织发展规划》中明确提出：“加强与教育部门沟通协调，鼓励支持有条件的院校举办社会组织管理与服务专业，开设社会组织课程，编写社会组织教材，加强社会组织管理与服务学科和专业体系建设。”

针对国内公益慈善学历教育和发展水平与发展速度无法满足行业对专业人才需求的问题，敦和基金会于2019年发起了“敦和·菡萏计划”，旨在探索公益慈善学历教育的有效模式，以提升公益慈善专业人才的培养质量与数量。

（二）公益项目策划、执行和效果评价

“敦和·菡萏计划”项目由行动、报告、论坛、圆桌四个部分组成。“菡萏行动”资助有意愿或已经开展公益慈善学历教育的高等院校，通过支持院校在

慈善学历教育中的多种行动探索，以促进该议题的实践变革；“菡萏报告”资助公益慈善学历教育领域的深度研究，以积累该议题的知识沉淀；“菡萏论坛”资助公益慈善学历教育发展论坛，以集合影响力的方式促进问题的解决；“菡萏圆桌”资助现有开设公益慈善学位 / 专业（方向）院校的代表定期研讨，以提升该议题在院校之间的沟通成效。

截至 2020 年底，菡萏行动一期、二期累计支持了 15 所院校，正在支持的有 11 所院校；在高校举办了多场圆桌研讨会，其中以“慈善学历教育的前沿探索与实践”为主题的敦和雅集，汇聚了王名、朱健刚、金锦萍、黄浩明、蓝煜昕等慈善教育前沿的实践者、思考者和观察嘉宾，展开了一场对中国公益慈善学历教育的整体性的观察和提问。当期的雅集活动，正式发布了由敦和基金会资助、清华大学公益慈善研究院和明德公益研究中心共同完成的《中国公益慈善学历教育发展报告》，该报告是国内首份系统描述我国高校公益慈善学历教育的发展历程、概貌和总体格局的研究成果。

北京大学法学院副教授、博士生导师金锦萍认为：“在中国整个公益慈善行业都在走向碎片化的当下，《报告》作为国内第一本关于公益慈善学历教育发展的系统性研究成果，是基础设施中的基础，具有重要的价值和现实意义。公益慈善界非常需要这类有格局、有视野、有历史穿透力的资助。”

（三）项目公益传播中的理念、方法和策略

在“敦和 · 菡萏计划”各个项目模块持续推进的过程中，传播理念与行动贯穿项目始终，从传播角度有效促进了项目价值理念的倡导、项目运营及项目影响力的提升。

1. 视觉有效传达项目主旨

“敦和 · 菡萏计划”项目 logo 选取“菡萏”作为视觉意象，菡萏作为莲科莲属植物，意象呈现与敦和基金会机构 logo 相呼应。设计采用高明度、低纯度的色彩搭配，传递沉静淡雅之感，红色花苞的点缀带来强烈的对比，凸显生

机盎然的气象。菡萏花苞象征孕育年轻的生命，呼应项目培育公益慈善专业人才的主旨。清波浮菡萏，碧浪弄娇辉，波纹线条往外一层一层推开，象征培育花苞（人才）所需的土壤（高校），希望由此不断释放能量、扩散影响力。

2. 传播内容注重系统性与价值引领

在传播内容方面，针对项目运营和议题倡导的不同需求，从项目招募、资助结果公示、议题前沿观察、核心研究成果等角度，注重传播内容的前沿性、系统性、深度及价值倡导与引领，强调推动公益慈善学历教育之于公益慈善事业发展的价值。期望除了敦和基金会自身的行动之外，能够促进更多的价值认同，进而促使更多的资源方、研究者、行动者和倡导者共同关注和推动高校公益慈善学历教育与专业人才培养。

3. 多方共同开拓传播渠道促进联合传播

在传播渠道方面，聚焦核心目标受众匹配相应的传播渠道，并充分调动项目与传播同事所能对接的渠道，共同促进联合传播，保证传播内容充分且有效地扩散。2020 年，“菡萏行动”（二期）项目招募期间，为了促使更多的高校申报项目，传播投放了微信公众号（共有 27 家微信公众号平台联合发布，累计阅读量超过 1.1 万次）、社群、朋友圈、邮件等各类正式与非正式的有效渠道。最终，共收到了全国 44 所院校的项目意向申请书，项目最终与其中 6 所院校建立合作。充分的申报量，一方面有助于项目组更充分地了解公益慈善学历教育一线实践的实际情况，另一方面有助于找到更合适的合作伙伴以使项目成效有更好的预期。

4. 邀请媒体深入参与议题探讨

作为汇聚敦和原创 / 支持的研究成果、思想理念的阵地，敦和视野编辑、设计、发布并传播了《中国公益慈善学历教育发展报告》。针对该报告发布的活动议程，提出邀请关注该议题的媒体记者担任媒体观察员，参与到议程互动环节中，而不仅仅以一个外部观察者的身份，从而促进媒体的传播倡导者对相关议题的深度参与和报道，进而提升相关议题的影响力。

在整个项目的推进过程中，项目传播共产出了 9 篇关注公益慈善学历教育议题的系列原创深度文章（见表 2–3），在敦和基金会微信公众号平台的累计阅读量超 11 000 次，累计被其他传播平台转载 43 次；凝聚了超过 220 个关注慈善教育议题的受众；获得财新网、《中国慈善家》、人民政协网、《公益时报》《中国发展简报》等媒体的关注与深度报道。

表 2–3　“敦和 · 菡萏计划”传播内容系列专题一览

分类	文章题目
菡萏行动	项目招募 | 助力公益慈善学历教育，“敦和 · 菡萏行动”二期招募启动
	还剩 7 天！欢迎关注慈善学历教育的高校伙伴，加入菡萏行动
	“敦和 · 菡萏行动”二期资助名单揭晓，6 所高校慈善教育项目入选
议题研讨	活动报名 | 慈善学历教育的前沿探索与实践，《中国公益慈善学历教育发展报告》首发
	陈越光：中国公益慈善教育存在三种失衡
	邀请两位媒体嘉宾，期待慈善学历教育多元观点的碰撞
	重磅 | 一场关于中国公益慈善学历教育整体性的观察和提问
	众议 | 慈善学历教育发展主要面临哪些挑战？需要设立本科吗
菡萏研究	观点精编 |《中国公益慈善学历教育发展报告》摘要

传播倡导

CASE

案例：第四届中国慈善文化论坛

（一）项目背景和意义

2016—2019 年，中国慈善联合会与敦和基金会联合主办了四届中国慈善文化论坛，邀请了30余名来自学界、实务界、媒体界的嘉宾，从不同角度对“慈善文化”的定义、模式、途径进行了阐释，推动了慈善文化进入公益慈善的研究视野和行动范畴。

论坛旨在探索和建立以中国本土文化为内核，以中国慈善实践为根基，适用于现代中国的慈善文化体系，以期将论坛打造成聚焦慈善文化的思想高地和交流传播平台。

2019年12月，第四届中国慈善文化论坛以“科学精神与慈善文化”为主题，旨在促进探索科学与公益的跨界融合，打通思想理论与慈善实践。

在“互联网、人工智能、生命科技的发展已经远远超过了这个时代的思想，科学研究者已经很难整体把握其方向”（金观涛①）的时代背景下，探讨“科学精神与慈善文化如何在互相支持和包容中共同促进社会发展”等相关议题，是重要且急迫的。

（二）公益项目策划、执行和效果评价

论坛注重思想/观点输出的原创性和独特性，嘉宾的发言内容须是与论坛主题紧密结合的具有引领性的高质量原创内容。

在主题设置上，紧跟公益慈善领域及社会发展趋势，关注前沿热点问题。

在嘉宾邀请上，突出多元背景，强调社会影响力、思想见解力、现场表达力。

在议程安排上，注重议程形式的多元变化及整体节奏的流畅度。

在现场呈现形式上，注重观众现场参会体验，营造交流、对话氛围。

在论坛传播上，传播理念及行动贯穿论坛始终，注重慈善文化价值倡导引领和传播内容的时效性和系统性，并注重与具有较大影响力的主流媒体、重要

① 金观涛，中国美术学院南山讲座教授、中国思想史与书画研究中心学术委员会主任。

行业伙伴自媒体共同做联合传播。

在目标受众方面，强调多元背景受众的广泛参与，将慈善文化的传播倡导作为搭建公益慈善领域与社会公众之间的桥梁。

为促进相关议题多维度、多视角的探讨，论坛设置了主旨演讲、TED 演讲、圆桌对话、年度慈善文化事件评述四个环节，出席嘉宾分别从“人”“项目”“问题”“行业”的角度出发，展开了深入分享与对话。

主旨演讲环节主要从“人”的角度展开，中国科学院院士、西湖大学校长施一公从科学家的公益情怀出发，分享和解读了如何以公益手段推动科学事业发展。比尔及梅琳达·盖茨基金会北京代表处前首席代表李一诺以盖茨基金会的实践为例，探讨了公益人在当今时代需要怎样的科学精神。

TED 演讲环节主要从“项目”的角度展开，长江商学院市场营销学教授、社会创新与商业向善中心主任朱睿、深圳市拾玉儿童公益基金会秘书长李治中，分别从行为科学和儿童癌症的实践出发，结合实践和案例，具体阐述了对科学精神与慈善情怀的理解。

圆桌对话环节主要从“问题”出发，结合近来科学技术与公益慈善融合发展的趋势以及出现的问题展开讨论。北京大学法学院副教授金锦萍、北京大学社会学系教授邱泽奇、阿里巴巴公益基金会秘书长王瑞合、北京市企业家环保基金会秘书长张立、腾讯研究院高级研究员张顺平，主要围绕“科学与公益的互动与融合”相关议题展开深入交流。

2019 年度慈善文化事件评述环节则主要从行业视角出发，为全面、客观地呈现、剖析年度重要慈善文化事件，主办方特意组织学术界、公益慈善界和媒体资深专家进行梳理、合议，并邀请北京修远经济与社会研究基金会理事长、《文化纵横》杂志社社长兼总编杨平，对“2019 年度慈善文化事件”进行盘点、述评。

论坛结束后，项目组回收了 75 位参会观众（公益慈善领域 48 人、其他领域 27 人）的问卷反馈。论坛最大的亮点是：72% 的参会观众选择了“嘉宾”，68% 选择了“演讲内容”，60% 选择了“主题”；90.67% 的观众认为参与此次论坛实现了预期目标和收获，整体满意度较高；89.33% 的观众愿意参加下一届中国慈善文化论坛……

（三）项目公益传播中的理念、方法和策略

中国慈善文化论坛定位为高端思想的传播交流平台，自身带有较强的传播属性。因此，在项目策划与执行的过程中，传播意识贯穿始终。

1. 将传播意识融入项目策划

在嘉宾选择方面，着重考虑嘉宾的个人影响力、思想见解力、现场表达力等维度，一方面有助于通过嘉宾的影响力吸引更多观众报名现场参会，另一方面带动和提升公益慈善领域及社会对慈善文化的关注和讨论。在嘉宾分享内容的沟通方面，着重从嘉宾的经历、见解当中，选取与论坛主题紧密结合的素材，同时注重分享内容的现场表达效果及潜在传播点，为论坛的现场互动效果及后续传播做铺垫。

2. 视觉有效传达项目主旨

整体画面选用深蓝色为主色调，象征开阔与智慧，蕴藏能量与无限潜能，蓝色与紫色的融合象征科学精神与慈善文化的碰撞。设计字体以黑体为主，营造大气、简约的画面，选取“星空”的意象营造无限想象、探索的氛围，传递未来感。

3. 预热阶段：通过嘉宾视频、议题倡导和联合传播造势

论坛预热文章，注重提炼、凸显“科学精神与慈善文化”议题探讨的价值、嘉宾阵容、分享主题亮点、现场重磅发布等内容，提升论坛吸引力和观众报名参会的热情。同时，通过“中国慈善联合会”“深圳国际公益学院”“公益慈善论坛”“ABC 美好社会咨询社”等 10 多家微信公众号伙伴平台开展联合传播，累计阅读量超过 2.1 万次。同时在“CFF 年会交流群”等公益慈善领域

的重要社群精准投放，助推论坛前期预热与观众报名。论坛现场汇聚了来自公益慈善界、学界、商界等620多位观众到场参会（报名到场率超过90%），远超原计划400位观众的参会规模。

邀请陈越光、施一公、李一诺、金锦萍、李治中、何日升、张立、王瑞合等重要嘉宾录制论坛预热视频，在论坛正式开始前一周陆续推送，持续保持论坛前期的热度和关注度。

与此同时，配合“科学精神与慈善文化”的主题，编辑并发布相关议题预热文章，以系列论坛主题相关的深度文章带动观众对论坛的关注和期待。

4. 活动期间：增强与嘉宾、媒体互动，为后续传播效果做铺垫

为了在活动现场实时推出嘉宾精彩观点海报，活动正式开始前设计好海报模板。根据嘉宾演讲内容，实时制作嘉宾精彩观点海报，在行业社群、朋友圈实时传播扩散。相应内容整合成文章在活动当天实时推送，确保活动传播的时效性，同时传递给现场观众之外的更多受众。此外，针对部分媒体诉求，为中国科学院院士、西湖大学校长施一公组织了一场媒体群访。

论坛的系统策划、执行和贯穿始终的传播倡导，保障了论坛举办的质量，进而为论坛后续的传播提供了重要支撑；在传播内容方面，根据不同的节点产出系列不同视角的传播内容（见表2–4）；各项传播策略共同促进了慈善文化议题的破圈传播，提高了其整体影响力。

全国30多家主流媒体纷纷发声，新华社、《人民日报》、中新社、《中国青年报》、财新新闻、《南方周末》、澎湃新闻等知名媒体以活动消息稿、深度报道、图片报道、视频新闻等方式，对此次论坛进行了不同视角、不同形式的报道。其中，新华网客户端发布的《2019慈善文化热点事件大盘点》累计阅读量超过100万次。

表 2–4　　“第四届中国慈善文化论坛”传播内容系列专题一览

分类	文章题目
论坛预热	（1）施一公、李一诺领衔共话“科学精神与慈善文化”，中国慈善文化论坛报名开启！ （2）洞见 | 周国平：我希望科技与文化合作，让人类找回存在价值 （3）视野 | 现代慈善基金会如何推动美国的科技进步 （4）科学与公益如何更好地互动？来中国慈善文化论坛，听听张立怎么说 （5）如何用科学家思维探索儿童癌症解决之道？来中国慈善文化论坛，李治中给你答案！ （6）李一诺：公益慈善需要怎样的科学精神？来中国慈善文化论坛给你答案！ （7）嘉宾发声 | 倒计时 3 天，听金锦萍、朱睿寄语中国慈善文化论坛 （8）嘉宾发声 | 倒计时 4 天，听何日生、王瑞合寄语中国慈善文化论坛
成果沉淀	（1）干货来了！中国慈善文化论坛嘉宾精彩观点大合集 （2）主席致辞 | 陈越光：不悖科学 不昧良知 （3）施一公：每位中国人都可能是西湖大学的拥有者 （4）李一诺：公益领域，更需要科学理性 （5）李治中：如何用科学家思维探索儿童癌症公益 （6）朱睿：行为科学助推公益 （7）这个时代，提倡科学精神与慈善文化的价值何在 （8）2019 年中国慈善文化十大事件出炉！三大关键词表明整体趋势

近年来，公益慈善领域关于慈善文化的讨论越来越多，其中不乏中国慈善文化论坛的影响和推动作用。但相较于一些纯学术性的讨论，中国慈善文化论坛在议题高度、嘉宾发言质量、受众数量、传播影响力等综合维度上，对公益慈善领域及社会具有更大的影响力。

弘扬和建设慈善文化需要公益慈善领域及整个社会的长期努力，并非通过举办一次或几次论坛就可以实现，但中国慈善文化论坛作为引领、培育、交流、传播慈善文化的高端平台，这个生态站位具有不可或缺的重要意义。

总结与思考

项目传播的有效达成需要项目与传播深度协同。敦和基金会的项目传播注重项目与传播的深度协同，“责任伦理”“协同治理”等机构文化的践行，为项目传播工作的质量和成效提供底层支撑。在项目与传播有合作默契与信任的基础上，传播深度参与项目，同时项目不断加深传播意识，有助于传播理念与传播策略更有效地回应项目目标。

就传播内容而言，慈善文化的议题特性决定了传播需要在价值倡导和引领方面下功夫，注重呈现思想观念的深度与前瞻性。同时，慈善文化相关内容专业性较强，传播视角及表达方式需注重公共性，把握内容深度与传播性的平衡。

就传播渠道而言，发展和弘扬慈善文化，需要研究、教育、公益、政府、媒体等多方角色合力推动。传播在助力慈善研究和慈善教育相关项目时，由于目标受众比较聚焦，因此传播渠道的针对性较强。而在慈善文化相关的理念传播与议题倡导方面，则更需要打通公共渠道，促进破圈传播。同时各相关方共同开拓传播渠道开展联合传播，更有助于达成项目预期的传播效果，扩大社会影响力。

公益传播的媒介协作与平台共建——以“满血行动派—公益献血周”项目为例

白求恩公益基金会

白求恩公益基金会（以下简称“白求恩基金会”）是具有独立法人资质的全国性4A级公益慈善组织，2015年9月于民政部登记成立。现任理事长兼法人代表为中国工程院院士邱贵兴。基金会以继承和弘扬国际主义战士白求恩的伟大风范和高尚情操，以人道、责任、传承为宗旨，在医疗健康领域构建公益慈善平台，广泛开展帮扶弱势群体及宣传普及健康知识等爱心公益项目，为发展完善我国社会救助机制而努力。

CASE

案例：“满血行动派—公益献血周”系列公益活动

（一）项目背景和意义

在我们每个人的身体里，都有一种流动的平安——血液。血液不能人工合成、不可替代，也不能长期保存。因此，足量、安全、持续的血液供应，是开展临床医疗救治和患者生命安全的重要保障。无偿献血是一项关系国计民生的社会公益事业，不仅是人道主义精神的崇高体现，更是社会文明程度的重要标志。

我国所有医疗机构的临床用血都来自公众自愿自发的无偿献血。因此，鼓励全社会积极关注和参与到无偿献血中来，用可以再生的血液挽救不可重来的生命，是作为聚焦医疗健康领域的公益慈善组织的义务，也是我们每个人的义务。

“满血行动派—公益献血周”系列公益活动是由白求恩公益基金会、白求恩公益基金会输血医学专家委员会主办，中国人民解放军总医院承办，首都无偿献血者协会协办，全国百家医疗机构和爱心企业联合发起的大型公益活动，2019年至今已连续举办三届。

该活动在“世界献血者日”[①]期间围绕宣传无偿献血、传播献血知识和安全用血知识，以协同参与的模式整合跨平台、多视角的社会资源和行业资源，传播无偿献血知识，提高公众特别是青年人定期参加无偿献血的意识，希望通过多样化的活动形式带动更多人了解并参与到我国无偿献血的公益事业之中。

（二）公益项目策划、执行和效果评价

白求恩公益基金会积极响应国家关于无偿献血的号召，结合新时代白求恩精神和基金会“生命至重，公益至上”的公益发展理念，在社会各界的爱心支持下，“满血行动派”在三届的不断迭代中，已经成长为具备一定社会影响力和号召力的公益品牌项目。

在项目筹划阶段，主办方基于公益慈善组织的定位，以引导公众获取无偿献血知识为目标，以促进公众的无偿献血行为为成效，进行公益项目的整体策划，以“行动”强调公益的可参与感，将项目名称确定为“满血行动派—公益献血周”系列公益活动。其宣传口号“满血行动派！行动就‘献’在！”作为引领项目传播的核心，贯穿于三届活动的具体实施中。项目的公益传播主要围绕四个板块展开。

① 世界献血者日（World Blood Donor Day，WBDD）是每年的6月14日。为了鼓励更多的人无偿献血，宣传和促进全球血液安全规划的实施，世界卫生组织、红十字国际委员会与红新月会国际联合会、国际献血组织联合会、国际输血协会将2004年6月14日定为第一个世界献血者日。

1. 科普教育板块

通过互联网音视频平台的合作，以专题化形式进行无偿献血有关知识的健康科普。综合考量合作模式、推广资源调用情况以及以该媒介的受众群体，主办方选择以百度健康为视频主阵地，以喜马拉雅、蜻蜓 FM 为音频主阵地。

2. 互动传播板块

贯通项目微信公众号与定制开发小程序，线上交互实现圈层引导。“满血接力棒”是凝聚全国各地无偿献血志愿者队伍的线上社群，通过“棒棒值”来调动个人及团队参与者的参与感和积极性，通过人际传播促进形成群体传播。

3. 媒体传播板块

以每年的 6 月 14 日为核心传播节点，多方共建融媒体传播矩阵保障活动前、中、后期的宣传完整呈现。在微博、微信、抖音等社会化媒体平台开设项目官方账号，“内容线 + 活动线”并行运营，在白求恩公益基金会输血医学专家委员会的专业把控下，常态化更新无偿献血相关知识，并配合活动传播节奏穿插招募、互动、PK 等交互性质信息。

在活动的持续运营过程中，同时也涌现出一批从事医疗相关工作的传播参与者，他们通过剧情表演、漫画呈现以及视频讲述等形式“满血行动”起来，参与到呼吁、传播无偿献血相关信息的实践中。在积极收集这些用户生成内容的同时，主办方与传播合作机构一起，将这些自发生产的传播内容进行“二次创作”后助力其扩散。

4. 落地活动板块

6 月 13 日以北京为开幕式现场，联动各地分会场同期举行，线上线下公益活动持续一周。

活动开幕式邀请在“满血接力棒”小程序中“棒棒值”成绩优异的个人和团队来到现场，充分发挥无偿献血的榜样力量，通过直播采访的形式，将其亲历的献血故事和公益体悟实时传播给大众。

为进一步向大众普及献血知识，以公益力量促进提升公民无偿献血的知晓率和参与度，在2021年的活动中，白求恩公益基金会、白求恩公益基金会输血医学专家委员会与解放军总医院第一医学中心输血医学科共同推出“互联网+无偿献血服务”新模式——“满血体检亭”，该模式以献血者体检为中心，创新服务模式、优化服务流程、全方位提升无偿献血服务水平，只需要在智能体检设备上扫码登录，按语音提示便可以自助完成测量身高、体重、体脂率、血压、心率、血氧的检测。通过智能评估可初步判定是否达到献血的标准，在“满血体检亭”中还能够更深入地了解无偿献血的知识。参与现场活动的公众积极体验“满血体检亭”的互动功能，丰富的交互形式和荣誉感的提升有助于让更多人走进献血车，成为光荣的无偿献血英雄。

在“满血行动派”活动三年的执行过程中，白求恩公益基金会作为活动主办方，从自身的公益慈善组织定位出发，以公益活动为纽带联动无偿献血相关医疗专业资源和社会资源，在协作中呼吁更多人和更多机构参与进来，成为多边（基金会－医院－血液中心－社会团体－爱心企业－志愿者）公益慈善平台的组成部分。特别是在公益传播层面，强调契合国家倡导的公共议题，在公益语境范畴进行专业医学知识的“编码转码”，集合不同媒介受众特征进行内容输出，从多个维度形成合力引导社会群体关注。

该活动在传播效果方面总体呈现增长趋势，其中不乏参与机构所属行业的多元化，用音频、视频载体呈现的科普知识的覆盖用户量和到达率也逐步递增。值得关注的是，在2020年的活动中，线下活动举办以及无偿献血行为虽然受到新冠肺炎疫情的影响，但从事件传播声量和受众参与情况来看，并没有出现数据下滑。在举国战“疫”的社会共情力量推动下，以及新冠肺炎康复者捐献恢复期血浆等奉献精神引领下，这一届“满血行动派”获得了大量“自发式”的传播支持，不仅在公益传播领域，而且在公共卫生传播体系中也发挥了积极的作用（见表2–5）。

表 2–5　　“满血行动派 – 公益献血周”系列活动传播数据统计

项目＼届数	第一届（2019 年）	第二届（2020 年）	第三届（2021 年）
参与机构	150 余家	120 余家	210 余家
直播平台	腾讯直播	央视新闻网直播	抖音直播
直播流量	70 万	130 万	22.3 万
媒体数量	31 家	87 家	80 家
满血接力棒小程序	参与机构：59 家 满血棒棒值：5865 人	参与机构：290 家 满血棒棒值：36 320 人	参与机构：292 家 满血棒棒值：88 789 人
科普音频	喜马拉雅：36 万 蜻蜓 FM：5.5 万	喜马拉雅：32 万 蜻蜓 FM：8.1 万	—
科普视频	—	16.9 万 +	150 万 +
公益歌曲	—	—	30 余位明星助力《热血节拍》公益歌曲 央视频播放量：54.5 万 + 咪咕视频播放量：15 万 + 新浪微博：转发 63 万 +，评论 16.7 万 +，点赞 58.3 万 +

（三）项目公益传播中的理念、方法和策略

关于公益传播，国内出现较早且相对明晰的定义为：具有公益成分、以谋求社会公众利益为出发点，关注、理解、支持、参与和推动公益行动、公益事业，推动文化事业发展和社会进步的非营利性传播活动。公益传播能够倡导积极的价值观和符合人道主义的价值规范，有文化整合的作用。公益传播可以通过“议程设置”的功能向人们提供价值和行为的范式，竭力唤醒人们的“集体良知”，从而进一步完成哈贝马斯所说的“理性的同一性”①。

白求恩公益基金会的发展重点与仅聚焦于患者救助的公益组织有所差异。

① 马晓荔，张健康 . 公益传播现状及发展前景 [J]. 当代传播 2005（3）:23—25.

从医务工作者的视角来看，即使是一名医术精湛的医生，其在整个“职业生命”中通过临床诊断、药物治疗、手术治疗、康复训练、慢性病管理等途径使患者痊愈的数量也是非常有限的。医生的天职就是治病救人，“如何能够救更多的人”成为这些在专业领域相当有建树的医务工作者的更高目标，也是这个群体形成公益动机，从而引发公益情怀的原因之一。白求恩公益基金会希望能够吸纳、带动更多优质的专业医疗力量，通过公益的方式去倡导社会各界了解健康知识、关注健康议题，进而促进形成良好的医疗环境，能够帮助到基层健康医疗建设，进而惠及更多患者，实现“救更多的人”的期望。白求恩公益基金会的公益愿景是通过公益服务，助力中国健康医疗领域均衡化发展。以公益慈善机构的社会组织形态，以民间的声音、民间的力量，实现对政策性医疗服务及保障之外的有效补充。基金会以“生命至重，公益至上”为公益价值观，用其诠释新时代的白求恩精神。基金会提炼的公益传播口号为“生命因关爱而点亮，公益因参与而伟大”，既突出了医生救死扶伤的“天职”，又表达出号召社会各界认知公益、参与公益的期待。这也就决定了该机构公益项目的服务对象以及公益传播的主要受传者不仅仅是患者，而且还包括基层（或成长阶段的）医务工作者。在公益项目的具体实施过程中，公益传播还受到国家党政部门的政策引领，实施捐赠行为的机构（个人）、作为重要伙伴的医疗机构影响着公益传播进程，逐步构建成聚焦医疗健康领域的多边元素参与、多重服务属性的公益慈善平台。

“满血行动派—公益献血周”系列公益活动隶属于白求恩公益基金会公益模式中的“公益发展计划”板块，旨在综合匹配各种项目类型，助力医学学科发展。该项目从传播学视域来看，涉及政务传播、行业传播和大众传播三个部分。

1. 政务传播

政务传播的传播目标为贯彻落实传达国家卫生健康委、民政部有关政策和指示。作为以医疗领域为公益发展方向的公益慈善组织，白求恩公益基金会对于“健康中国”战略以及民政部关于社会组织抗击新冠肺炎疫情和国家卫生健康委提出的无偿献血的相关号召，通过公益活动的形式积极响应，在公益传播中贡献力量。在连续三届的项目传播中结合“世界献血者日”主题——“人人享有安全血液（2019）”“安全血液拯救生命（2020）”“献血，让世界继续跳动（2021）”调整项目传导方向，以此为基础进行媒介资源、合作资源的针对性拓展。

2. 行业传播

行业传播的传播目标为基于医疗、公益范畴传播公益理念。白求恩公益基金会的重要合作资源之一就是优质的医疗专家，这些“白求恩精神的传承者”本身有意愿、有情怀参与公益服务。关于行业传播，基金会更多的是要通过信息传递和反馈，凝聚起平时在各自工作岗位奉献的医务工作者和志愿者，通过公益项目让这些优质医疗资源为欠发达地区和基层医疗机构发挥作用。“满血行动派”通过专委会牵头实施，横向凝聚了无偿献血相关社会组织和相关团体，纵向带动了各地区350余家医院、30余个中心血站共同参与。该项目面向行业传播了公益实践的可参与方式，并为每一个参与传播网络的节点提供了基础传播物料和平台上的专属页面，通过小程序聚合起多媒介的信息数据，实现项目传播的在线化平台建立。

3. 大众传播

大众传播的传播目标为科普健康知识，引导关注健康议题。作为医疗领域的公益慈善组织，白求恩公益基金会需要承担起呼吁大众关注自身健康，做好健康的第一责任人的传播职责。这就使“满血行动派”项目在公益传播中需要考虑健康传播的特征及经典模型。

健康传播是运用一切传播渠道和手段来传播健康知识或信息，促进健康行为，或改变健康行为从而预防疾病的活动和现象。健康传播研究关注的是人们以健康为主题的沟通行为，以及这些行为对人们的健康态度和健康行为的影响。与其他传播类型不同，健康传播的特点之一是健康传播活动的因变量总是对人有益的。“满血行动派”项目在制定大众传播策略时，充分考虑传播实施社会动员效应，关注在信息的传递与反馈中能够激发公众积极参与的影响因素。注重公益传播广度，在传播的内容表达方式以及媒介选择方面都结合大众偏好和使用习惯。在项目筹备阶段，主办方及相关人员就传播模型进行了深入的探讨，以详尽可能性模型（Elaboration Likelihood Model，ELM）（见图 2–1）为基础，对传播无偿献血有关信息进行了思考。

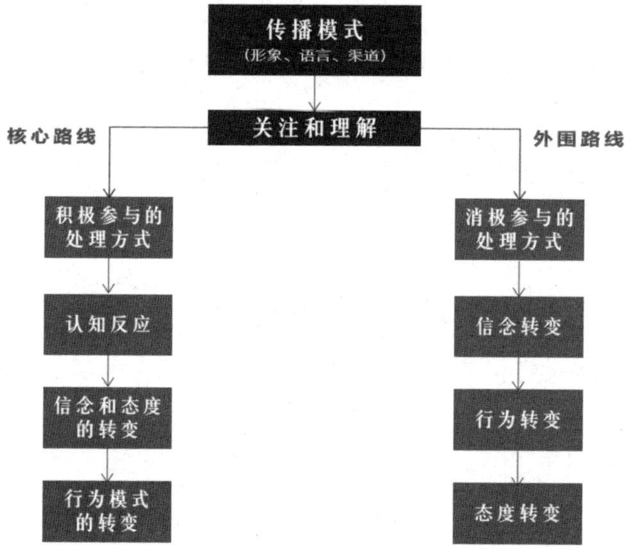

图 2–1　详尽可能性模型（ELM）

“详尽可能性”意味着个人对于议题攸关的资讯仔细思量、深思熟虑的程度。个人由于“动机”和“能力”的不同，对于资讯会有不同的处理方式，这既影响人们思考事情以及做决定的态度，也影响人们搜集资讯及评估消息来源的程度。“满血行动派”项目面向的大众总体上看分为“有过无偿献血行为”“知晓但无无偿献血行为”和“不了解无偿献血”三类人群。针对传播受众的认知程度、信念意识以及接受程度进行剖析后，确定了线上以交互促黏性、线下以体验促口碑的整体传播策略。针对“有过无偿献血行为”的传播受众进行持续激励的传播策略，挖掘其无偿献血动机、宣传其亲历故事，作为榜样案例进行宣传，并提供相应可以助力扩散其献血记录的媒介渠道，增强其分享的自驱力。针对“知晓但无无偿献血行为”的传播受众重点进行相关科普知识宣讲，弱化该群体的献血顾虑和心理负担；同时，利用政策引领和榜样力量对其实施影响，吸纳该群体加入无偿献血队伍。对于“不了解无偿献血”的群体，在公益传播中采取“渗透式”的观念引导，通过线上的互动答题和完成分享任务等方式降低其参与门槛，营造舆论氛围，逐步改变认知。在项目实施的过程中，探索了漫画形式呈现无偿献血知识、互动小程序增强公众参与意愿、活动视频直播拉近传受距离等传播手段，支撑传播策略的实施。其中，在 2021 年的活动传播中还特别策划了与央视频 App 进行合作的公益歌曲《热血节拍》，获得了 30 余位公众人物（知名主持人、艺人、运动员等）的倾情助力。歌曲 MV 的信息发布以及参与录制的公众人物，也提升了新浪微博话题“满血行动派”的关注度与阅读量，该话题热度最终高达 2174 万。

以 2020 年项目进行期间线上统计数据为例，活跃参与者主要分布在北京、河北、陕西、四川等地区。其中“全国稀有血型联盟团队”在参与活动后迅速传播，通过团队人际传播分享至 4000 多人，最终该团队以 54 897 的棒棒值获得活动冠军，遥遥领先第二名的团队，面向大众传播起到了一定的示范引领作用。

（四）总结和思考

“满血行动派—公益献血周”系列公益活动在公益传播中尝试了政务传播、行业传播、大众传播并行的传播思路，并从活动流程及关键环节方面设计了线上与线下配合开展的方式。该项目在三年的持续实施中，结合“世界献血者日”的不同宣传主题，调整传播策略及匹配相应媒介，在以“满血接力棒”小程序贯穿项目传播周期的基础上，持续开发健康科普内容，搭载图文、音频、视频和公益歌曲等传播载体的表现形式，对社会各界持续传播无偿献血相关内容，引导大众关注并参与无偿献血事业。

我国的公益慈善组织在从追求数量增长和规模增长的高速度发展阶段向追求质量和成效的高质量发展阶段转型的进程中，合规良性健康的发展需要不断提高精细化治理水平，也需要行业内部协商共建。

白求恩公益基金会在未来的公益传播实践中，面向公益领域和社会服务等行业传播也应当有所完善，应当将新时代白求恩精神与社会服务精神进行理论与实践融合，传播具有基金会特色、基金会见地的公益声音。在公益传播范畴，将服务人民健康与扶老、助残、救孤、济困等其他民生服务领域有效结合，联动行业资源，推动治理准则共建；研判公益传播框架，打造公益传播模式，携手探索公益慈善领域的传播方法论。

社会组织是我国社会主义现代化建设的重要力量，是联系社会资源与群众需要的桥梁纽带。公益传播对于公益慈善组织的品牌建立和业务发展同样发挥着桥梁纽带作用。公益慈善组织只有在适合自身发展的公益传播理论的指导下，尊重传播规律，讲清公益事实；拥抱时代语态，讲好公益故事；加强传播意识，锻造传播链条，才能更好地为公益事业、公共利益服务。

“五福 AI 助老”让老有所依

百度公益

2019 年 11 月，中共中央、国务院印发《国家积极应对人口老龄化中长期规划》。2020 年 10 月，党的十九届五中全会提出“实施积极应对人口老龄化国家战略”。《国家积极应对人口老龄化中长期规划》指出，“人口老龄化对经济运行全领域、社会建设各环节、社会文化多方面乃至国家综合实力和国际竞争力，都具有深远影响，挑战与机遇并存”。有关部门预测，“十四五”时期，全国老年人口将突破 3 亿，从轻度老龄化迈入中度老龄化。这一转变必将对经济增长、科技创新、社会保障、公共服务等方面提出新挑战、新要求。《健康中国行动（2019—2030 年）》指出，从个人、家庭、政府、社会多维度提倡老年运动健康、促进膳食改善及慢性病管理等；国务院办公厅于 2020 年 11 月 15 日印发《关于切实解决老年人运用智能技术困难实施方案的通知》，规范、指导相关工作。

政府不断推出的各种相关支持性政策，其中对于推动放开养老服务市场、鼓励社会力量参与养老事业有明确规定，要求为社会力量参与老龄事业发展和养老体系建设提供更多更好的支持。百度公益针对养老领域厘清了当前存在的以下社会问题。

1. 第七次人口普查数据显示，在年龄构成统计中，我国人口老龄化程度进一步加深，60 岁以上老年人口超过 2.64 亿人，老龄化率高达 18.7%，未来一段时期将持续面临人口长期均衡发展的压力。

2. 家庭养老负担加重。生育率下降、人均寿命延长直接导致家庭供养资源减少，子女养老的人均负担增长。

3. 老年人健康问题将愈加突出。国家卫生健康委“中国居民健康素养调查”表明，我国城乡居民健康素养总体水平为6.48%，即每100人不到7人具备健康素养，而55～64岁年龄组为4.69%，65～69岁年龄组最低，为3.81%。

4. 疫情下老年人面临身体和心理健康问题。疫情下因子女探访、陪护和老年人出门等受限，造成生活服务受到限制，加之疫情过程中出现的抑郁、焦虑、恐惧、失眠等，严重影响老年人身体和心理健康。

5. 智能化时代老年人遭遇数字鸿沟。《中国互联网发展状况统计报告》显示，截至2020年12月，我国网民规模达9.89亿，但60岁以上网民占比仅为11.2%。科技加速和老龄化程度加深存在冲突，两者之间的“数字鸿沟”不容忽视。

基于以上背景，百度公司凭借多年在AI、大数据等方面的技术积累，将自身擅长的技术优势与当前我国面临的日益加重的老龄化社会现象进行一体化设计，秉承“科技为更好”的社会责任理念和用科技解决社会问题的初衷，百度公益“五福AI助老”项目应运而生。

CASE

案例：“五福AI助老”项目

（一）项目背景和意义

项目意义和价值主要体现在基层治理、科技赋能行业、可持续发展、可复制推广四个方面。

1. 基层治理

通过五福AI助老管理后台为社区、驿站、养老机构提供内容及服务管理工具，运营管理人员通过该后台上传服务提供方提交的具体内容，及时发布社区活动信息、通知及助老生活服务；通过数据中控平台，汇集社区、驿站、机构、物业等养老相关组织，对辖区内老年人的日常生活服务、生命体征预警等多项用户数据进行分析汇总，便于相关养老服务组织依据平台数据进行科学管理。

2. 科技赋能行业

通过技术 + 优质内容，赋能民政、养老服务机构及养老从业人员，提升其科学、专业的养老服务能力；为养老机构、其他公益机构提供技术和硬件支持，包括开源、开放技术和内容。

3. 可持续发展

百度公益动员不同主体的资源力量，与合作伙伴实现可持续发展，致力于服务老年人群体。在项目运营过程中，项目组积极推动跨界合作，通过助力“五福 AI 助老”项目落地执行。通过联合高校、研究机构、民政部门、公益机构、社区等形成联动机制，助力“五福 AI 助老”项目落地执行；通过五福 AI 助老管理平台完成服务方的赋能和接入，形成初步的公益项目造血模式。

4. 可复制推广

截至 2021 年 12 月，“五福 AI 助老”项目已落地北京、辽宁鞍山、江西赣州、贵州福泉、山东济南、河北秦皇岛、云南昆明七座城市，近千台“五福 AI 助老”设备投入使用，覆盖超过 30 个社区及两家养老机构，通过五福助老全国通用版系统服务上千户老年人家庭。另外，项目结合各地的本地化服务响应也进行了定制化开发服务，例如在山东淄博、广西南宁等城市，科技助老公益行的脚步仍在继续，未来项目将走进更多城市和社区。

（二）公益项目策划、执行和效果评价

1. 项目策划

（1）前端平台顶层设计及实现。通过搭载小度智能屏的五福 AI 助老平台，整合多方资源及联动外部合作伙伴，将适合老年人的养生知识、系统的科学健身教程、权威的心理调适方案、慢性病管理及在线问诊的便捷医疗健康服务、实惠便利的社区生活服务切实地惠及广大老年人家庭。以公益捐赠的方式落地居家、社区及机构三大主要养老场景，覆盖不同层次的老龄化人群，同时，通过接入权威机构调研所得的高频、多元化本地养老生活服务方，助力改善我国越来越严峻的养老社会问题。“五福 AI 助老”项目中“五福”的概念正是源自《书经》，也是汇集了中国传统文化对于老年朋友的一个祝愿。五种祝福同时也对应了五个模块，分别是五福长寿、五福健康、五福幸福、五福陪伴、五福社区，将专为老年人定制的服务内容及养老服务融入五福 AI 助老平台，通过语音呼唤“小度”的交互方式，降低老年人使用智能设备的门槛，轻松享受内容与服务。这样简单的操作背后是百度的语音理解、自然语言处理、深度学习等人工智能技术做后台的整体支撑。

平台相关内容及服务能力介绍如下。

五福长寿。由北京体育大学运动与健康教育部重点实验室研发养生贴士及运动健身功能维持教学视频、中科院心理所专为老年人常见消极情绪中出现频率最高的几种情绪而定制的心理疏导方案。这些均为实践应用型且为独家内容，引导老年人每天跟着锻炼，居家运动进行功能维持。

五福健康。由百度健康业务部及百度智慧医疗业务部提供技术及内容支持，通过线上问诊及慢性病管理的两大核心功能，为老年人群体提供健康服务。“百度健康 · 问医生”板块，让老年人足不出户即可在线咨询公立医院医生，30 万名公立医院专业医生 7×24 小时为社区老年人提供定制化的线上问诊咨询服务；“灵医智惠”板块包括线上医药商城、血压血糖测量记录、针对 2 型糖尿病患者的饮食运动指导、科普知识等功能。

五福幸福。该板块为老年人提供优质的团购商品以及助餐配餐、家政、护理等相关服务，老年人通过五福助老平台语音或点击下单，到社区指定地点付款，对产品不满意可以实时退款，既让老年人享受到物美价廉的商品及服务，又无须担心产品的质量及售后问题，给老年人实实在在的实惠。

五福陪伴。精选红色、抗战、年代感、高分等多重标签影视资源库，为老年人提供免费专属的影视资源，让他们的老年生活更加丰富，唤醒他们记忆中那些难忘的画面。

五福社区。为所在社区提供内容发布的平台，实时为老年人推送相关社区消息及活动信息，提供社区专属便民生活、服务介绍等功能，是老年人的社交活动的主要信息中心。

（2）管理后台搭建。针对社区及政府街道基层治理为相关运营人员搭建五福助老管理后台，通过平台运营人员上传养老服务、社区通知、文化活动等相关图片文字信息。

（3）数据中控后台。提供社区、驿站、机构、物业等相关养老服务，组织进行辖区内老年人权威科学内容、日常生活服务、生命体征预警等多项用户行为分析，便于相关养老服务组织依据平台分析能力进行智能治理。

①第三方服务关注模块。根据当地接入的第三方服务使用占比情况及订单转化率，判断辖区老年人对不同服务供给能力的需求，进而优化服务种类，保障养老服务供给质量。

②近 7 日用户活跃度。以纵向柱状图显示近 7 日平均用户活跃度，反映一周内老年人对智能设备的使用频率，了解老年人高频使用区间。

③今日老年人生命体征低活跃预警。根据算法及用户接收推送消息时的反馈情况，监测出安全风险对应的老年人家庭，以便社区管理员能够及时安排志愿者入户确认老年人状态，保障老年人安全。

④使用热榜 TOP6。依据老年人对设备的交互情况（点击 / 语音唤醒次数）来判断当前的内容和服务所受欢迎程度，在不同板块上进行持续优化与迭代，贴合老年人需求。

⑤当前老年人情绪占比趋势。五福助老平台当前提供五种情绪舒缓方案，以唤醒频次形成曲线图，显示当代老年人情绪占比趋势，社区 / 机构根据曲线走势分析覆盖范围内的老年人心理情况，合理安排线下活动，例如一对一心理疏导等。

⑥老年人群体关注慢性病种类排名。结合平台目前提供的由北京体育大学运动与健康教育部重点实验室教研团队研制的 13 个老年慢性病康复干预专题健身运动跟练视频的唤醒频次，分析老年人关注的慢性病康复干预种类，便于社区根据平台分析情况开展运动健身活动。

2. 项目执行

（1）养老服务创新。“互联网 + 传统行业”利用“爱老五福小度端 + 爱老五福小程序 + 管理后台 + 数据统计后台”等 AI 技术，让老年人的生活品质产生质的飞跃——智能居家，医养结合。

（2）技术创新。①聚焦居家场景，基于百度大脑 6.0 技术，为老人提供一个智能居家、医养结合的惠民养老服务平台；②提供更友好的交互，基于小度助手开源平台，老年人发送语音指令即可完成专业内容获取和服务。

（3）优质内容引入。由北京体育大学运动与健康教育部重点实验室、中国科学院心理研究所为老年人群体定制了“五福长寿”的健身运动跟练视频、科学养生贴士及心理舒缓解决方法。“五福长寿”是针对老年人在身体健康及心理情况上出现的高频问题制定科学的、体系的教学视频解决方案，均为实践应用型的独家内容，引导老年人每天跟着锻炼，居家运动进行功能维持。

（4）专属服务接入。搭载 DuerOS 建立五福助老平台，聚焦老年群体的医养服务，医疗板块主要由“百度健康·问医生”与“灵医智惠”提供，分别包含了百度健康线上问诊功能及专业的慢性病健康管理功能。百度公司的资料显示，“百度健康·问医生”平台已有30多万名公立医院执业医生入驻，可提供定制化的7×24小时线上问诊咨询服务，以及专业的慢性病健康管理服务。此外，百度健康还为每位社区老人提供100次免费公立医院医生在线问诊服务，化身“家庭医生”，为社区老人提供挂号前的常见智能化健康服务，老年人可以自行通过语音唤醒医生进行问询。同时医院、社区医生以及社区服务机构也可以通过慢性病管理模块，与老年人共同进行日常随访、面询以及健康问卷等方面的老年人健康管理服务。

“灵医智惠”归属于百度智慧医疗品牌，依托人民卫生出版社的权威知识，以及医学自然语言理解、知识图谱等AI技术在本次研究中为老年群体及社区医生提供2型糖尿病管理使用工具。

（5）推出首套基于AI能力的养老服务平台标准。百度公司联合中国电子技术标准化研究院、工业和信息化部电子第五研究所及项目所涉及的合作伙伴等多家产学研用领域单位推出目前国内首套《基于人工智能语音交互的养老服务平台要求》团体标准，通过平台基本要求、智能语音交互技术要求、平台服务内容要求、养老服务供应商要求、支撑保障五个主要方面对人工智能语音交互养老服务平台进行统一的标注参考。

（6）发布项目验证性报告。项目开展过程中各执行组织也注重对政府、高校、社会组织以及个人优势资源的动员，先后吸引了不同主体参与，如清华大学社会学课题组、清华大学老龄社会研究中心，对项目落地小区——北京海淀清河实验小区进行智慧养老研究及前沿探索，针对使用小度的老年人家庭进行阶段性的追访调研发布一份《智慧健康养老服务研究报告》，清华大学方面对于研究成果表示高度赞扬，认为比预期更好，AI智慧养老方案可以帮助老年人的生活方式趋向健康化。其中，报告提炼主要观点及研究结论主要体现在五个方面。

- 可以提醒老年人及时调整饮食结构，提醒老年人增加蔬菜摄入量，控制脂肪、米面、盐糖的摄入量。
- 帮助老年人关注睡眠健康，尝试规律作息。
- 提醒老年人定期锻炼，形成有规律的锻炼习惯。
- AI 设备通过视频通话、生活助手、语音陪伴等功能，实现了部分的工具支持和情感陪伴，有利于提升老年人的愉悦感和幸福感，加强其心理健康。
- 提升老年人的健康认知能力，比如：提醒老年人关注个体健康，并积极进行健康自评；加强老年人对老年病症如糖尿病的患病风险的认知。

通过调研发现，当前智慧养老行业普遍存在以下问题：①对智能养老的认识往往脱离实际需求，容易将智能设备的高端化和精妙化视为智慧养老的重点，未充分考虑老年人的使用能力和生活习惯；②服务供给种类和数量不足，智慧养老服务供需错配问题突出，老年人急需的就餐、看病、就医、护理等刚性需求的供给不足；③智慧养老平台上缺乏专业的知识、技能、服务供给，在健康知识、护理技能、心理咨询及医疗服务推荐等方面缺乏专业性。

百度作为智慧养老技术行业探索者，呼吁整个行业共同探索“互联网 +”时代智能设备在社区居家养老中的作用，推动解决老年人在运用智能技术方面遇到的困难，让老年人更好地共享信息化发展成果，促使智慧养老技术为更多老年人赋能，进而满足老年人的多元化需求，持续提高老年人的生活满意度和幸福感。

（7）政策推动。2021 年“两会”期间，百度公司董事长李彦宏在两会上提案“加快推动智慧养老进社区，用科技让老年人的生活更简单更幸福”引起各方关注。

（8）五福 AI 助老计划——科技公益城市行。基于率先落地的北京 3 个试点的经验积累和《智慧健康养老服务研究报告》研究情况，百度公益于 2021

年8月11日发布“五福AI助老计划”，将智慧养老经验推广至全国更多城市。老年人只需通过简单的“小度小度”语音指令，就能与小度互动，轻松享受到健康管理、科学锻炼、身心舒缓、娱乐陪伴、社区点餐等养老服务。截至2021年9月，“五福AI助老”项目已落地北京、辽宁鞍山、江西赣州、山东济南、贵州福泉、河北秦皇岛、云南昆明7座城市，服务近千户老年人家庭，成功助力北京西城大栅栏、海淀清河毛纺北小区入选首批全国示范性老年友好型社区建设。

（9）典型案例挖掘形成传播素材。通过各城市落地推进及社区运营情况，挖掘有故事题材的老年人案例，形成系列故事进行传播。

（10）社会效益评估及经验研究。邀请中国社会科学院主导，针对全国落地城市及社区老年人使用情况，开展以“智慧养老技术的社会接受与福祉效益研究”为主题的调查研究。

3. 效果评价

（1）第十三届全国政协委员、北京体育大学副校长张健说：“在新冠肺炎疫情的冲击下，各类产业发展受到诸多影响，全民宅家期间也催生和带动了部分行业的线上业务的发展。以全民健身为例，百度公益与我校教育部重点实验室的结合，就是这种健身新模式的范例。百度能将最新的智能技术与我校科研成果相结合，推出的‘五福AI助老’项目很好地将健身知识、营养知识和健身方法融为一体，依托小度智能屏推送到百姓身边，使百姓居家生活更方便，健身方法更有效。这样的健身新模式不仅解决了百姓居家锻炼的痛点问题，而且能有效带动体育+智能产业的发展，这应该是全民健身推动产业化发展的有效途径。以百姓健身中的各种痛点问题为抓手，继续完善和丰富‘五福AI助老’项目的服务内容，满足更多健身人群的需求。”

（2）中国科学院心理研究所教授、全国心理援助联盟副主席、中国心理学会副秘书长兼国际EAP协会中国分会副主席刘正奎说：“百度‘五福AI助老’项目对于老年人的身体健康、心理调适起到了指导和调节作用，以适老化智能设备为载体，为老年人群体进行情绪和行为调节提供了新的形式。”

（3）央视《新闻联播》主持人郑丽表示：“小度智能屏已经不仅仅是一款智能设备了，它更像是一个有温度、有热度的老朋友。它能够浓缩时光，给老人们带来温暖和感动，它能够帮助老人们解决生活当中的很多难题，它能够随时呵护老人们的健康，甚至能随时沟通亲情和友情。”

（4）“像百度这样的互联网科技企业积极参与到这样的社会议题中，承担起社会责任，依托大数据、人工智能的平台，探索‘互联网＋慢性病预防’的新模式，为广大老年人群体提供更方便、更快捷的慢性病预防的知识与服务，这是一种更有温度的社会意义的体现，”清华大学老龄社会研究中心秘书长庄英甫说，“百度正在探索通过实际行动让科技普惠群众，让生活变更好。”

（5）关于老人、社区接纳与认知度，在走访调研中，评估人员设置了项目服务对受助对象影响的有关问题。被访者认为项目服务对其居家生活、健康知识、营养知识、健身方法、心理疏导指导和调节的作用、暖情陪伴、心理和情绪调节等方面均产生了不同程度的影响。就健康知识、健身方法而言，被访者普遍认为项目实施带来了非常大的积极影响，接近95%的被访者认可项目。而在陪伴方面，被访者认为项目带来了非常大的帮助，由于受疫情影响，老年人更需要温情陪伴，项目在带给老年人各健康板块的知识，满足线上娱乐、评书等老年人实际需求外，还增加了老年人熟悉智能科技、参与使用智能科技的机会，被访者普遍认为项目实施对其产生了积极正面的影响，认可度均在90%以上。

（三）项目公益传播中的理念、方法和策略

1. 传播理念

通过“五福AI助老”项目的落地，传播“科技为更好”的理念，坚守“科技为解决社会问题”的初衷，提升项目的知名度和美誉度，从而实现和拓展百度的社会价值和社会影响力。

2. 传播方法

在全媒体时代，“五福 AI 助老”项目借助网络新闻和社交媒体公开项目信息，推广并传播项目阶段性成果及相关项目，主要通过三个方面来打造项目的影响力和美誉度。

首先，进行项目 logo 及对外统一规范的制定。通过专用的标志，说明企业对项目的重视程度，同时反映出项目背后的实力支撑，在受众心中刻画出项目的内涵印记，有助于拓展协力合作的基础和范围，促进优质资源的整合，进而开发出创新的社会影响力发展模式。

其次，提高网络新闻的报道量。通过项目事件报道及节点传播，进行网络媒体曝光，利用信息化传播的速度快、频率高等特点，迅速扩大项目在互联网端传播的影响力。同时，通过社交媒体来引发讨论及关注，通过设置相关内容的微博话题，提升该话题讨论量、转发量及微信文章阅读量。将网络媒体的量化指标进行传播维度的阶段性总结、复盘，形成经验积累，进而达成实质、有效的传播。

最后，通过“线上 + 线下”两端分别从社会化层面及地方区域化层面开展影响力建设。在线上层面，运用新媒体传播渠道，结合稿件、图文、海报及视频等多种形式，将“五福 AI 助老”项目覆盖的目标用户使用助老服务的故事，即老年人案例以更生动的形式进行呈现；在城市落地区域影响力打造层面，通过线下活动落地，邀请地方政府领导出席线下捐赠仪式及开展养老培训相关讲座，充分运用当地的媒体资源，对“五福 AI 助老”项目城市落地进行当天实时报道，增强区域影响力。

3. 传播策略

全国城市范围内陆续落地“科技公益城市行——五福 AI 助老”活动及《老有样》老年人案例，打造两个系列专题从“线上 + 线下”形成传播素材横向布局影响力传播矩阵。此外，通过重要节点及事件打造辅助纵向搭建影响力矩阵。

围绕中央一级等主流媒体进行全方位传播，同时，有针对性地结合地方媒体，在当地有影响力的科技类及财经类媒体在深度专业稿件上的定向传播，从而形成立体的、多维度的影响力感知。

（四）总结和思考

1. 项目经验及模式形成

“五福 AI 助老”项目采用从设计到执行的多方协同模式，并贯穿项目全过程。根据项目阶段的时限，制定目标、任务等内容。项目组总结该项目所蕴含的多方合作发展是项目成功实施的重要保障。多方协同已经演化为项目成效评估的成功模式。项目在发展的不同阶段的主体角色与参与重点具有不同的特征。

“五福 AI 助老”项目在设计形成阶段形成了以创新养老助老研发模式为中心，各高校机构为指导，百度各事业部为配合，百度科技与社会研究中心、CSR 项目小组为主导的参与模式。在项目设计到试点的执行过程中，项目组一方面通过社会化调研的方式确定试点落地的执行社区，另一方面借助清华大学助老科研课题志愿团队的参与，确保项目可以执行到位，以自上而下的动员强化了多主体之间的合作。在实际的组织执行过程中，各地方政府、民政部门及下辖的街道社区基层工作者给予了很大的支持。

2. 面临的挑战

“五福 AI 助老”项目在落地过程中，通过联合清华大学老龄社会研究中心等权威研究单位及公益项目评估机构基于项目展开调研，即调查各试点社区具体执行情况，分析项目对服务对象需求的回应情况，总结项目实施成果，剖析项目执行困难等。调研发现，项目经过半年多时间的运营，产生了良好的效果。然而，“五福 AI 助老”项目在执行过程中也遇到了新的挑战，需要在未来的发展过程中做出进一步优化与调整。

第一，项目入组筛选机制有待规范，否则影响组织与项目规范化的提升，需要执行组织对受益人群做出全面准确的预估与筛选，同时动员多种基层服务资源，围绕有诉求的受益老年人家庭做出针对性评估。这对于组织的执行能力、管理能力、组织协调能力、资源动员能力都提出了很大的要求。

第二，执行组织以及受益人群与执行团队、项目团队之间交流较少，同时线下志愿交流活动缺失，限制了区域经验的外在扩展。由于突发疫情原因，无法开展线下交流活动，导致了相关交流活动的缺失。缺乏合作交流在很大程度上容易限制项目经验的扩展与项目成效和影响力的持续性，在项目后续的执行过程中仍然需要做出进一步优化。

第三，综合调研得知，不同受益老年人家庭因自身情况的不同而有不同的诉求，但经过统计发现，大部分受访者针对五福助老平台的载体适老化智能设备提出了一些建议，比如增大设备屏幕、取消设备 Wi-Fi 内置网卡等。

以上是基于项目运行和管理在后续的项目开展中需要优化和迭代的经验。在公益项目传播层面，“五福 AI 助老”项目在形成“多方参与，融合共创”的可持续发展运行模式的背景下，联动合作伙伴基于项目落地活动、案例故事及相关传播事件协同传播，通过科技公益城市行的全国城市落地推广活动，形成以央媒等主流媒体为主、地方媒体为辅的传播矩阵，在落实积极应对人口老龄化的有效举措的同时，扩大项目影响力，进一步加深与地方政府的联动效应，在真正意义上打造试点示范的标杆项目。

第三部分　新实践篇

公益传播创新促进志愿服务发展

中华志愿者协会

中华志愿者协会是由民政部、中央文明办、全国妇联、中华全国总工会、教育部、共青团中央、中国红十字会、原卫生部等八部委共同发起成立的公益性、全国性社会团体组织。协会由志愿者以及关心和支持志愿服务事业的单位或组织自愿组成，接受业务主管单位民政部和社团登记管理机关的业务指导和监督管理，同时接受中央文明办的业务指导。

CASE

案例：志愿服务公益项目

（一）项目背景和意义

2021 年是中国共产党建党 100 周年，是国家“十四五”规划开局之年，也是中华志愿者协会成立 10 周年，对于社会组织来说，更是公益项目与公益传播深度融合创新发展加快推进的关键之年。在传承历史与开拓未来之际，社会组织需要从多维视角去研判发展趋势，找准发展定位，凭借政策驱动因势而谋，结合发展环境应势而动，从多方面系统化推进改革，尤其是利用时代赋予的全新传播理念与技术宣传公益项目，让公益慈善与志愿服务事业健康发展。

十八大以来，我国的社会组织发展进入了新的历史时期，志愿服务事业也进入了新时代。党中央对志愿服务做出了顶层设计，要求推进志愿服务制度化。国务院也出台了《志愿服务条例》，为志愿服务事业的发展提供了法治保障。十九大之后，党中央明确提出了“健全志愿服务体系”的要求，公益慈善事业作为第三次分配的主要方式，将继续以慈善捐赠和志愿服务为主要形式开展分配活动。这既是社会组织今后一个时期的奋斗目标和任务，更是党中央对社会组织和社会工作者的鞭策与鼓励。

这是党中央依据当今世界正处在百年未有之大变局，我国正处于实现中华民族伟大复兴的关键时期，对社会组织和志愿服务工作提出的战略性部署。参与社会治理和广泛开展志愿服务关爱行动，通过第三次分配的方式让更多的人富起来，将是今后一个时期社会组织和志愿服务组织的工作主题。

在此时代背景下，中华志愿者协会结合自身实际，以公益项目和有效传播为抓手，积极探索社会组织和公益事业发展的新路径，积极创建优秀公益品牌，创新公益传播中的理念、方法和路径，并取得了良好的社会效益，以实际行动为我国志愿服务事业做出了应有的贡献。

（二）项目公益传播中的理念、方法和策略

1.“枢纽型社会组织”定位

“定位不对，努力白费；定位精准，事半功倍。”有很多社会组织成立了很多年仍然业绩平平，既没有拿得出手的公益项目，也缺乏募集善款的能力，这种现象在国内社会组织中普遍存在。当问及原因时，它们往往归结为“我们机构太小了，影响力不行”“我们的工作人员学历不高，水平不够”，等等，和这些理由比起来，社会组织没有科学的自我定位是无法成功的最大原因。大到组织的发展方向，小到公益项目的设立，其实都和定位密不可分。

中华志愿者协会又是怎么定位的呢？这就需要了解协会的成立初衷和发展历史。1970 年，联合国大会通过决议，组建联合国志愿人员组织，志愿服务理念伴随着中国的改革开放逐渐进入华夏大地。1979 年，联合国开发计划署在北京设立驻华代表处，联合国志愿人员组织同时在此设立了项目办公室。1988 年，中国第一个志愿服务组织在天津市和平区新兴街道朝阳里成立。

2008年的中国发生了两件大事：5月12日的四川汶川地震和8月8日的北京奥运会。汶川地震把国人心中的善念充分激发，掀起了全民捐赠和志愿者抢险救灾的热潮；北京奥运会因为志愿者的踊跃参与，让全世界看到了中国志愿者的蓬勃朝气和奉献精神。这两大社会事件开启了全民参与志愿服务的序幕，2008年因此被称为“中国志愿服务元年”。“志愿者”与“志愿服务”概念逐渐被社会公众知晓和认同，志愿服务成为一项具有广泛公众参与的社会公益事业。

就是在这样的背景下，民政部、中央文明办、全国妇联、中华全国总工会、教育部、共青团中央、中国红十字会、原卫生部等八部门，在2011年4月26日共同发起成立了中华志愿者协会。时任全国人大常委会副委员长周铁农为首任会长，协会于2018年3月25日换届选举民政部规划财务司原司长宋志强为会长。协会宗旨是普及志愿理念，弘扬志愿精神，培育志愿文化，发展志愿服务事业，营造文明健康社会风尚，融洽和谐人际关系，推动经济社会又好又快发展，为全面建设小康社会、实现中华民族伟大复兴做出积极贡献。根据该宗旨，协会又设定了主要工作任务：推动志愿者队伍建设，打造志愿服务项目品牌，加强志愿服务政策理论研究，健全志愿服务工作机制，同时逐步建立志愿服务组织的社会认同和激励机制，保障志愿服务事业的社会化、制度化、品牌化和可持续发展，推动志愿服务体系和多层次社会保障体制的建立和完善，大力推进我国社会主义精神文明建设。

作为民政部直登直管的国家一级社会组织，中华志愿者协会决定发挥国家级志愿服务组织的作用，给自己确立了“枢纽型社会组织”的定位，致力于促进社会组织间的聚合力作用，进而有效地激发社会组织的活力，带动相关社会组织的健康发展，形成社会多元化治理格局。

协会成立10年来，根据自身的发展定位，在民政部和中央文明办等部委的领导和支持下，认真贯彻落实习近平总书记关于社会组织和志愿服务工作的系列重要指示，积极发挥枢纽型社会组织作用，组织志愿者弘扬和践行社会主义核心价值观，走进社区、走进乡村、走进基层，为他人送温暖、为社会做贡献，赢得了社会各界的普遍赞誉。

2. 党建引领发展志愿服务事业

为保证协会工作始终与“两个一百年”奋斗目标、全面建设社会主义现代化国家宏伟蓝图同行，坚定不移地弘扬和践行社会主义核心价值观，凝心聚力发展志愿服务事业，协会在成立之初就成立了党支部，十年如一日地将政治建设摆在首位，将各项工作纳入党和国家的总体战略布局之中，切实教育引导广大志愿者不断提高政治站位，心向党、听党话、跟党走，将协会党组织打造成一个坚强的战斗堡垒。

协会及时将党建和社会主义核心价值观内容写入协会章程，建立健全协会党支部工作制度，制定了《党支部书记“一岗双责”制度》等九项制度，加强了入党积极分子培养，认真落实组织生活会和“三会一课”等制度，将党的群众路线教育实践活动、“三严三实”专题教育、“两学一做”学习教育、“不忘初心、牢记使命”主题教育扩展到全系统员工和骨干志愿者之中，以确保政治引领到位。

除了自身的组织建设之外，协会还积极组建了党员志愿者服务队。十八大以来，习近平总书记曾七次给志愿者服务团队写信，对共产党员参与志愿服务活动提出了明确要求。每名共产党员在志愿服务活动中都要勇当排头兵和领头雁，用自己的模范行为和高尚人格感召群众、带动群众，弘扬新风正气、促进社会和谐，推动社会主义核心价值观落地生根、开花结果。党中央专门下发文件要求组织在职党员到社区报到、为社区服务，广泛开展以党员为骨干的各类志愿服务，形成以党组织为核心，全社会共同参与的志愿服务格局。

协会培训部、基金部、法律援助志愿者委员会、“帮战友”公益项目管理委员会、家庭教育项目办公室、寸草心志愿者服务队等部门顺应时代发展，专门成立了党员志愿者服务队，倡议共产党员志愿者结合自身实际，积极投入志愿服务。广大共产党员把参与志愿服务活动作为践行社会主义核心价值观的有效载体，在全社会开展志愿服务活动、弘扬志愿精神、普及志愿理念。

实践证明，共产党员参与志愿服务活动是践行社会主义核心价值观的有效抓手，也是巩固和深化党的群众路线教育实践活动成果的必然要求，更是密切党群关系的一个重要举措。

作为全国性枢纽型志愿服务组织，协会创新运用志愿服务方式，引导下属志愿服务组织和全国相关志愿服务组织，将党史学习宣传、理论宣讲从课堂搬到服务百姓的志愿服务现场，以互动式、体验式的志愿服务形式贯彻落实党中央决策部署。

协会紧密联系会员单位、分支机构，团结凝聚全国相关志愿者、志愿服务组织和志愿服务工作者，通过上述举措，引导志愿者学好用好习近平新时代中国特色社会主义思想，努力做到准确理解党的路线方针政策，更好地发挥了党员志愿者作用和枢纽型志愿服务组织桥梁纽带的重要职能，使协会成为加强和创新社会治理、保障和改善民生的重要力量。

3. 形成全媒体传播矩阵

协会成立 10 年来，不断探索移动互联网时代公益传播的新架构、新模式，在基础性、战略性工作上下功夫，坚持守正创新、一体化发展方向，做好顶层设计，谋划公益传播全媒体发展的新路径。

作为民政部直登直管、中央八部门联合主办的国家一级社会组织，协会在全国乃至世界志愿服务领域有着举足轻重的公信力和影响力，在涉及公益慈善与志愿服务的重要舆情事件中，必须有中华志愿者协会权威的声音，为此协会专门建立了新闻发言人制度，由专职副秘书长兼任新闻发言人统揽协会整体宣传工作。2021 年 2 月 18 日，民政部通过“中国社会组织动态”网站公布了 2021 年第一批共 10 家涉嫌非法社会组织名单。这个名单中的涉嫌非法社会组织“中国志愿者协会”，与中华志愿者协会因一字之差让许多关心支持志愿服务事业的爱心人士产生误会。中华志愿者协会新闻发言人立即启动应急机制，主动联系国内主流媒体，就非法组织“中国志愿者协会”和中华志愿者协会的区别进行说明，及时让社会大众了解了事实真相，避免了社会对中华志愿者协会的误解，增进了中华志愿者协会的正面形象。

经过近 10 年的努力，协会现在拥有了一刊（《中华志愿者》杂志）、一网（中华志愿者协会官网）、一端（中华志愿者 App 客户端），以及微信矩阵、微博矩阵、视频矩阵等立体式、全方位的移动传媒全媒体传播矩阵，基本构建起“多位一体”的传播路径。

除了协会主体宣传阵地之外，协会宣传部负责组织协会各省级代表处和各专项志愿者委员会，将各地每天开展的志愿服务以视频、音频、图片、文字等不同形式上传到协会宣传部（公益传播全媒体中心）进行编辑处理，再由各传播矩阵进行发布。协会还成立了公益传播志愿小组，号召有新闻专业背景和具备一定文字水平的志愿者成为“公益传播志愿者”，对协会的公益项目和志愿服务进行传播。截至 2021 年 10 月，已经有 1300 多名中华志愿者在微博、微信、抖音、快手、今日头条、B 站等新媒体平台开设账号，目前全网覆盖人群超过 520 万人，已经形成全媒体、立体式、多元化、多平台的传播格局。如今，志愿者参与公益传播的作用和效果日益凸显，公益项目短视频创作与传播正向更大格局演进，协会整体传播力、引导力、影响力、公信力、美誉度得到有效提升。

4. 全国志愿服务公益项目推介会促进协会发展

以 2019 年全国志愿服务公益项目推介会为例，协会精选 2018 年推出的四个志愿服务公益项目，它们不仅解决了社会需求问题，同时给广大志愿者提供了奉献爱心的平台，增强了人民群众的获得感和幸福感。四个有影响力的公益项目代表分别上台介绍项目的情况，项目涉及乡村振兴、关爱老人及留守儿童、提高青少年文化素养等各个方面，分别是：由中华志愿者协会江苏省代表处发起的“壹号公益集市”项目，由项目办公室副主任蔡路上台介绍情况，项目通过乡村振兴、产业振兴、文化振兴等方式，以新时代志愿服务精神助力乡村发展；由中华志愿者协会、中国老龄产业协会和湖南广播电视台联合推出的“中华志愿者中老年电视艺术赛”，项目组织中老年志愿者群体通过唱歌、舞蹈等丰富多彩的艺术形式，讴歌党、讴歌祖国、讴歌人民以及弘扬志愿服务精神和中华民族孝老爱亲的传统美德；由中华志愿者协会浙江省代表处发起的关爱贫困和留守儿童的“关爱之家”项目，由代表处副主任刘国良介绍相关情况，项目组织专业人士提供精神帮扶、思想帮扶、心灵帮扶，改善和提高贫困及留守儿童的生活质量；由中华志愿者协会江苏省代表处发起的“跟着课本去旅行”项目，由青少年核心素养提升志愿服务办公室副主任李琪上台介绍情况，项目组织学生体验重温课本内容，提升孩子的学习兴趣，激发学生的爱国热情。

全国志愿服务公益项目推介会在庆祝每年国际志愿者日到来的同时，践行了习近平总书记关于志愿服务系列指示精神，大力宣传、弘扬和倡导了志愿服务精神，进一步提高了社会各界参与志愿服务事业的积极性，也有效提升了志愿服务公益项目的社会影响力和号召力。

5. 社会各界知名人士助力提升协会影响力

在 2019 年 12 月 5 日第 34 个国际志愿者日之际，为贯彻落实习近平总书记关于志愿服务系列指示精神，在《志愿服务条例》实施两周年之际，中华志愿者协会推出“弘扬志愿服务精神，‘中华志愿者行动大使’在行动”系列活动，中华志愿者行动大使谭晶、鞠萍、朱时茂、孙楠、叶乔波纷纷表达对全国志愿者的节日问候，鼓励并号召社会各界人士积极加入志愿者队伍，弘扬志愿服务精神，为促进社会和谐发展助力。“中华志愿者行动大使”每年将在“12・5”国际志愿者日为志愿服务事业发声，以榜样的力量推动志愿服务事业的发展。

中华志愿者行动大使都是各个领域的佼佼者，并且积极参与公益慈善和志愿服务工作。其中谭晶积极发起“晶心关爱母婴室”等多个公益志愿服务项目，并曾两次在全国人代会上提交关于《促进全国性志愿者服务立法》的议案；朱时茂担任“北京消防宣传大使”；孙楠成立了“孙楠·重塑未来”专项基金；叶乔波担任“冰雪运动推广大使”；鞠萍担任“红丝带健康大使”“乡村幼儿园计划”爱心大使。

中华志愿者协会今后将会根据情况和需要，选出更多的“行动大使”，并充分发挥他们的带动作用，推动志愿服务事业的发展。

（三）公益项目的探索与实践

1.“晶心关爱母婴室”公益项目

2016年全国两会期间，作为全国人大代表的谭晶提出了《关于城市公共场所建设和普及标准化母婴室的建议》，引发社会各界关注，并获得众明星妈妈的集体支持和广大妈妈群体的高度共鸣。在得知市场上出现了移动母婴室这一新产品，并经过长期、严谨的调查、对比和咨询后，“晶心关爱母婴室”公益项目正式启动。

项目由中华志愿者协会、中国社会福利基金会、著名歌唱家谭晶共同发起，致力于在全社会推动和普及标准化母婴室的建立，为女性哺乳提供相对私密、安全、干净的空间，为婴儿护理提供场地和设备设施，保障母婴权利，促进社会进步和发展。充分体现全社会对育龄妇女和婴幼儿的关注与关爱，从妈妈和婴幼儿的实际需求出发，完善母婴室的设施和管理，防止出现母婴室“找不到”和“用不了”的情况，给出行母亲和孩子提供更多便利。

根据《中国母乳喂养影响因素调查报告》数据，国内仅有19%的工作场所设立了母婴室。2016年国家卫生计生委①等十部委出台《关于加快推进母婴设施建设的指导意见》，提出到2018年底，应配置母婴设施的公共场所配置率

① 2018年3月，根据第十三届全国人民代表大会第一次会议批准的国务院机构改革方案，将国家卫生和计划生育委员会的职责整合，组建中华人民共和国国家卫生健康委员会，不再保留国家卫生和计划生育委员会。

达到 80% 以上；到 2020 年底，所有配置母婴设施的公共场所和用人单位基本建成标准化的母婴设施。通过“晶心关爱母婴室”公益项目，共同加快母婴室的落地，满足群众对母婴设施的需求，努力营造生育友好的社会环境，针对现存的公共场所母婴室缺乏、哺乳条件和环境差等问题，创新工作思路和方法。唤起全社会对母乳喂养的关注，建设安心有爱的亲子空间，保护女性隐私，解决哺乳期妈妈公共出行哺乳及宝宝护理的难题，给予哺乳期妈妈和宝宝更多的目光和爱护。项目以关注母婴、支持母乳喂养为主题，将推广移动母婴室作为媒介途径，逐步落实各地移动母婴室的落地，助力母乳喂养，缓解妈妈们的燃眉之急，让哺乳的权利得到尊重。

在项目的传播方面，2020 年 6 月，“晶心关爱母婴室”公益项目在北京各线路公交车、地铁站投放公益广告，引起了社会公众的广泛关注。2020 年 8 月 1—7 日世界母乳喂养周期间，搜狐新闻联合“晶心关爱母婴室”公益项目，专题报道公共场所母乳喂养现状。腾讯公益在首页推广“晶心关爱母婴室”公益项目。同时，众多明星父母代表送出祝福支持“晶心关爱母婴室”公益项目。

2021 年 5 月 20 日，在第 31 个“全国母乳喂养宣传日”之际，“晶心关爱母婴室”公益项目联合多家机构共同发起“创意母婴室设计公益征集活动”，面向建筑、室内、规划、景观、设计及其他相关专业人士征集母婴室设计方案，以期为母婴室提供好的创意，让这些公益母婴室更加温馨。活动开展的同时，也为公益项目和母婴权益带来了更多关注。

截至 2021 年 5 月 20 日，650 余台“晶心关爱母婴室”落地北京、上海、浙江、广东、陕西、山西、安徽等地的机场、火车站、商场、医院等公共场所，为新生妈妈带去私密、安全、干净、便利的哺乳空间，超过 20 万哺乳期母亲和孩子从中受益，并得到了社会各界的认可。

2. 关爱贫困和留守儿童的"关爱之家"项目

近年来，由于我国农村剩余劳动力向城市转移的规模不断扩大，农村留守儿童的教育问题日益突出。许多贫困和留守儿童，除了生活上的困境之外，由于缺乏父母亲情，父母对于孩子的成长缺乏关注和指导，导致他们人格发展不健全，性格变得内向、自卑、悲观、孤僻。关注贫困和留守儿童的健康成长刻不容缓，不容忽视。

为认真贯彻落实党中央关于扶贫攻坚的重要指示精神，以《浙江省人民政府办公厅关于加强农村留守儿童关爱保护工作的实施意见》为指导，进一步大力弘扬"奉献、友爱、互助、进步"的志愿服务精神，整合社会资源，优化贫困和留守儿童生存发展的社会环境，营造全社会关爱贫困和留守儿童的良好氛围，中华志愿者协会浙江省代表处在全省设立了针对贫困和留守儿童的"关爱之家"项目。该项目为贫困和留守儿童提供临时托管服务，由教师志愿者和社会志愿者为贫困和留守儿童做课后辅导、兴趣指导等关爱保护服务，协助解决贫困和留守儿童放学后、节假日无人照料的问题。项目旨在改善贫困和留守儿童的生活困境，并通过"精神帮扶、思想帮扶、心灵帮扶"，达到"关爱一个孩子、温暖一个家庭、帮助一批群众、稳定一方社会"的目的。

项目实施以点带面，从线到片，逐步形成全省区域的良好的、长效的关爱氛围。从地区分布来看，浙江省的农村留守儿童主要集中在丽水、温州、台州、衢州等地山区。自 2019 年 9 月 1 日开始调研，从丽水市开始，与当地教育部门合作，认真调查研究，摸清留守儿童的底数，建档立卡，共同形成以学生为中心的关爱网络。对辖区贫困和留守儿童的学业失教、生活失助、亲情失落、安全失保、心理失衡这几个方面给予关爱与帮扶。档案内容包括留守儿童的个人和家庭基本情况、留守儿童的身体状况和在校主要表现等，真正做到底子清、情况明。

3.“水晶宝贝公益助孕计划”项目

党的十九大报告提出，实施健康中国战略，倡导优生优育，加大再生育计划生育技术服务保障力度。引导群众负责任、有计划地生育，实施妇幼健康和计划生育服务保障工程，互联网成为推进健康中国战略的关键环节和重要渠道。

2019 年，中华志愿者协会与光明网共同发起了社会服务精准扶贫示范项目“水晶宝贝公益助孕计划”，旨在呼吁全社会共同关注生育困难家庭，为他们提供先进充足的医疗资源服务。同时，广泛普及妇幼保健和生殖医学科普知识，切实为广大生育困难家庭解决了生活就医难题。

2019 年 6 月 22 日，“水晶宝贝公益助孕计划”项目在北京市正式启动，7 月 17 日，项目首站落地河北省邯郸市。项目会议期间，领域专家就患者遇到的各种问题做了详细的解答，北京宝岛妇产医院荣誉院长、生殖医学中心学科带头人左文莉教授为前来参与会诊的患者量身定制了详细检查方案，随后就疾病的对症治疗进行了详细讲解。会诊活动结束后，北京专家、邯郸宝岛妇产医院相关科室负责人和当地各级医疗机构医务人员围绕生殖医学相关课题开展学术讲座，分享了生殖医学前沿知识，交流了生殖健康与不孕症相关热点问题，让全体医务人员从中获得了新知识、新理念。项目为不孕不育家庭提供了先进充足的医疗资源服务，切实为广大生育困难家庭解决了生活就医难题，推动了区域生殖健康诊疗水平不断提高，加强了各级医疗机构交流、分享更多的专业成果，得到了参会人员的热烈响应和高度认可。

4. 建立全国首家“新时代志愿服务试验区”

中华志愿者协会尝试建设“新时代志愿服务试验区”助力地方经济社会发展模式。2021 年 6 月 3 日，中华志愿者协会举行了“汨罗市新时代志愿服务试验区”建设模式研讨会。汨罗以此次研讨会为契机，和中华志愿者协会一起，进一步筹备建立新时代文明实践基金，确定志愿服务品牌，细化完善试验区建设方案，结合汨罗实际，精心打造贴近群众、贴近生活的志愿服务品牌项目，建立健全长效机制，积极探索文明实践汨罗新路径，为湖南省新时代文明实践中心建设的全域铺开做出新的贡献。9 月 7 日，中华志愿者协会专职副秘书长刘红尘率领若干合作机构前往汨罗，就推动“汨罗市新时代志愿服务试验区”相关项目落地进行了对接和深入的洽谈交流。

积极倡导文化养老和文化助老
——谈“乐龄云课堂”的公益传播

中国老龄事业发展基金会文化养老公益行动办公室

中国老龄事业发展基金会是国家卫生健康委员会领导下为老年人服务的全国性慈善组织。它的前身是中国老年基金会，成立于1986年5月，2003年更名为中国老龄事业发展基金会。基金会的宗旨是：全心全意为老年人服务，弘扬中华民族敬老、爱老、助老的传统美德，争取海内外关心中国老龄事业的团体、人士的支持和帮助，协助政府积极推进中国老年社会福利、医疗卫生、文化体育、老年教育等各项事业的发展，帮天下儿女尽孝，替世上父母解难，为党和政府分忧。基金会被民政部评为4A等级的基金会，是第二批经民政部认定的慈善组织，拥有公开募集资格。

中国老龄事业发展基金会自成立以来，从我国人口老龄化的实际出发，紧紧围绕党的中心工作，积极动员社会力量筹集善款，为老年人做了大量的实事、好事和善事，先后实施了全国敬老爱老助老主题教育活动、爱心护理工程、乐龄陪伴工程、老年希望工程、中国老年艺术团红叶风采、幸福养老大课堂、老年心理关爱工程、大爱无疆资助贫困老人大型公益活动、健康养老服务业人才培训、致敬抗战老兵等品牌项目，其中致敬抗战老兵项目在2018年荣获第十届“中华慈善奖”。

基金会新一届理事会成立以来，以习近平总书记新时代老龄工作思想为指引，以“老有所养、老有所医、老有所为、老有所学、老有所教、老有所乐”

为基本工作目标，按照“建设一流基金会，打造一流项目”的总体要求，在加强内部治理的同时，针对党政关切、社会关注、群众关心的问题，先后启动实施了“智慧养老”“乐龄陪伴”“乐龄唱响”等项目，取得了良好的社会效益。

文化养老是以满足老年人的精神需求为基础，以物质基础做保障，以交流思想、融入社会、拥有健康为基本内容，以享受快乐、愉悦精神为目的的一种养老方式。这种养老方式具有广泛性、群体性、互动性、共享性等特征。

迈入老年社会的大门槛，如何继续享受生命的快乐与愉悦，不断提高生命的质量与品位，实现生命的完善、完整与完美，这是摆在每位老年朋友面前的一件大事。

在实践中，目前中国式的“文化养老”受制于地域经济发展的不均衡和区域文化的差异性，还存在着许多似文化而非文化的现象。其一是人们的认识不同。表现在许多地区的“文化养老”还仅仅停留在打牌、唱歌、跳舞或节日活动的表面层次，缺乏规范，缺乏系统的组织以及正确深入的引导。其二是虽然各地都在组织文化养老活动，但这些活动未能完全体现出文化的内涵，缺少与时代同步的文化氛围。因此，有必要提高认识，着力打造“养老文化”，使其适应社会的发展和老年朋友的不同需求。

我国政府审时度势，针对老龄化浪潮出台了多项措施。“十四五”规划的制定，为推动养老事业和养老产业协同发展，健全基本养老服务体系，发展普惠型养老和互助性养老，支持家庭承担养老功能，培育养老新业态，构建居家社区机构相协调、医养康养相结合的养老服务体系提供了依据。

习近平总书记在考察北京市四季青敬老院后指出，我国老年人口增加很快，老年服务产业发展还比较滞后。要完善制度、改进工作，推动养老事业多元化、多样化发展，让所有老年人都能老有所养、老有所依、老有所乐、老有所安。这充分体现了党中央对全国老年人的深切关怀，也明确指出了我国养老事业发展的方向。在新形势下，要认真落实好推动养老事业多元化、多样化发展的重要精神，需要鼓励和支持社会组织参与养老服务业，为老年人提供高质量的养老服务。

在养老服务中，社会组织，特别是公益性社会组织，应该当好政府的助手，在政府政策扶持、购买服务等措施的支持下，积极为老年人提供养老服务。中国老龄事业发展基金会以老年人为本，全心全意为老年人服务，并呼吁社会共同尊重、关心和帮助老年人。其工作任务以弘扬敬老爱老助老的中华民族传统美德为中心，以为健康的老年人锦上添花、为有困难的老年人雪中送炭为重点。几十年来，基金会在全国范围内相继开展了以敬老爱老助老为主和以孝亲敬老为内容的教育宣传活动，积极推进并实施了“爱心护理”等多项工程。

“乐龄云课堂”公益项目是中国老龄事业发展基金会文化养老公益行动办公室利用互联网平台向全国老年朋友推出的系统性、连贯性、长期性的文化课程，宗旨是“服务老年、共建和谐”。

CASE

案例：“乐龄云课堂”公益项目

（一）项目背景和意义

“乐龄云课堂”公益项目不仅有特殊背景，更有其特殊意义。

2020年初，一场意想不到的新冠肺炎疫情忽然席卷全球。为了尽早阻断疫情的传播，做好新型冠状病毒的预防，当时各级政府相继提出了“不出门、少出门”“在家就是做贡献”的要求，并将其内化为人们自觉遵守的规则。许许多多的老年朋友不得不躲在家中而无所适从，病毒的肆虐让他们精神上备感压抑。

中国老龄事业发展基金会通过云课堂的微信公众号、小程序等网络媒体渠道推出“乐龄云课堂”，项目的具体组织者殚精竭虑，在人不离屋的情况下依靠一部手机，通过互相介绍和联系，在很短的时间内组织了几十位有爱心的授课教师，他们不讲价钱、不计得失，完全靠自己的一片真爱、一颗红心，用直播的方式，为全国的老年朋友及时提供了30多门免费的线上文化学习课程。这使居家防疫的老年朋友足不出户就能免费参加“乐龄云课堂”的学习。

“乐龄云课堂”这一公益性的文化课程，不仅丰富了老年朋友的精神文化生活，让大家免费在手机上就能学到自己想学的绘画、书法、舞蹈、乐器和养生等知识，而且为抗击疫情做出了积极的贡献。“乐龄云课堂”项目饱含了组织者的心血和所有授课教师艰苦且无私的付出，凝聚了大家的一片爱心。

“乐龄云课堂”不仅让老年朋友学习了文化课，更重要的是让他们享受学习的过程。身心愉快，是一个“享受快乐”“愉悦精神”的过程。“享受快乐”，就是让参与学习活动的每一位老年朋友，因为文化活动的学习、开展，抛弃使其不快乐的人和事，全身心地投入到学习活动中；“愉悦精神”，就是让老年人在文化养老的活动中精神得到陶冶、人格得到提升、生命更加丰盈。发扬文化养老活动要秉持文化育人的理念，因此，文化养老应该是一种让老年人休闲、惬意、愉悦、高尚的养老方式。

（二）公益项目策划、执行和效果评价

“乐龄云课堂”项目的策划顺应了养老事业多元化、多样化发展的时代要求，在策划层面既以敬老、爱老、助老的传统美德为导向，又充分考虑了现实因素，着眼于让大多数国人的养老需求得到满足，向更高层次的文化养老需求转变的现状。在执行层面，“乐龄云课堂”项目通过提供免费公益文化课程的方式，为老年人“老有所学”“老有所为”提供平台。总体课程设计遵循“难易适度、照顾全面”的原则，从老年人的需求入手，采用资深老年教师教导老年学员的形式，教老年人所愿学，学老年人所愿教，实现教与学的协调，取得了良好的效果。以下将详细叙述“乐龄云课堂”项目的策划、执行及效果评估，以“乐龄云课堂”项目为例，展现文化养老项目可能遇到的问题与参考方案。

1. 项目策划

“乐龄云课堂”是在中国老龄事业发展基金会的领导之下，在几位退休同志的精心策划下，于2020年疫情最严重的时期推送的公益项目。

在疫情肆虐的特殊时期，充分发挥社会组织的一些作用很有必要。社会组织作为联系党、政府与人民群众的纽带，其公益传播的优势更加凸显。

中国老龄事业发展基金会就是为全国的老年朋友提供服务的一个公益性社会组织。多年来在全国开展了多项公益养老工程，为民间的养老事业辛勤耕耘着。其中文化养老是公益养老工程的重要项目。

中国老龄事业发展基金会文化养老公益行动办公室正是抓住了这样一个时机，向全国的老年朋友推出文化养老的“乐龄云课堂”，并且一开始就送上了几十门免费公益文化课程。

“乐龄云课堂”办公室工作团队除了一位二十五岁的小伙子是专职外，其余的几位都是头发花白的老同志；在文化养老“乐龄云课堂”的教师队伍中，退休并有一技之长的老年朋友担任80%的教学课程，他们愿意发挥余热，为老年事业贡献自己。“乐龄云课堂”公益项目经过2020年疫情期间试运转一年后，于2021年3月正式推出。截止到2021年6月底，“乐龄云课堂”线上学习超过40万人次。2021年9月“乐龄云课堂”正式开学，网上报名人数达6万余人，开设了近40门课程，有252个班。

2. 项目执行

“乐龄云课堂”项目的执行本着“难易适度、照顾全面”的原则，有的课程从基础讲起，有的课程开设了提升班。

一年半来，“乐龄云课堂”已经推出的课程分为“专业技能课”和“理论研学课”两类。

专业技能课程包括钢琴演奏、彩墨山水、葫芦丝演奏、国画创作、太极拳、隶书入门、面人制作、手工编织、体形舞蹈、诗词漫谈、摄影技能、家庭厨艺、书法技能、电子琴入门、手工编织、风筝制作、手机应用、剪纸艺术、摄影提高等。理论研学课程包括中共党史、红色北京、中医养生、汉字智慧、国粹京剧、旅游文化、营养健康、老张说往事、中国历史、老赵说茶、中国丝绸等。

2021 年 9 月，为了适应广大老年朋友的需要，新增加的课程还有旅游英语、金曲教唱、养老金融、乐理基础、手风琴初级、芭蕾基础、防金融诈骗等。

以上的课程涉及技能、研学、养生、娱乐、益智各方面，都是根据老年人需求量身定制的适合老年朋友的课程。

3. 项目效果评价

精心策划与贯彻执行是“乐龄云课堂”项目取得初步成功的重要因素，有一技之长的老年教师传授老年学员的独特模式是本项目的创新之举，有效激发了老年人在公益养老项目中互帮互助的积极作用，有效助力了“乐龄云课堂”项目效果的“四好”评价：教师积极性强、学员满意度高、社会效益好、影响范围广。

（1）**教师积极性强：发挥余热**。想要做好“乐龄云课堂”，就是要把“老有所为、老有所养”做实做细。政府多年前就提出的“老有所为、老有所养”不是一句空话。如何让 2.6 亿的老年朋友当下生活得有质量？如何让刚刚加入老年朋友队伍的“年轻人”青春永驻？那就要从眼前做起，从有所为、有所养开始。

经过调查得知，80% 以上的活力老年人刚刚从繁忙紧张的工作岗位上退下来，他们都渴望发挥自身的余热、渴望学到新的知识、渴望更好地充实自己。这正如项目的隶书入门课程教师叶桃说的那样，“2017 年（满 60 周岁）从教师的岗位上退下来，自我感觉体力、精力仍很充沛，一直思考着怎样发挥一下余热”。

（2）**学员满意度高：心灵沟通。**老年朋友为老年朋友服务有一种特殊的心灵沟通。老年人最理解自己的同龄人，因为他们都迈入了老年时代的门槛，退休之后他们心里都或多或少地产生了一种“同是天涯沦落人”的感受。这种感受会促使老年人之间产生一种深深的同病相怜之感，渴望心灵沟通。

在“乐龄云课堂”教师队伍中，目前年龄最大的是在线上教手工编织的高玉贞老师，她很骄傲地说已经有 59 年的党龄，而且已经是 84 岁的老人了，可她仍保持着健康的身体和矍铄的精神。她的这种精神在教学中也感染着每一位学员。彩墨山水课的公益老师华艳秋谈起为“乐龄云课堂”的老年朋友授课深有体会，因为她知道“自己是从退休到学画一路走来的，非常能体会到退休人员想学习的迫切心情”。他们愿意自我付出，做老年朋友的良师益友！

（3）**社会效益好：文化传播。**老年朋友是物质文明和精神文明的继承者、传播者和发展者。在社会化进程中，老年朋友常常是社会化的执行者，他们会用自身的实践参与社会的文明建设、时代发展。他们通过参加活动不仅做出了贡献，而且还丰富了自身的精神文化生活。一方面，老年朋友发挥着特殊的作用，另一方面，部分长者退休前具有较高的社会地位和声誉，在文化传播、文化互助、维护社会稳定等方面具有一定的影响力。

（4）**影响范围广：覆盖全国。**“乐龄云课堂”力争成为覆盖全国老年朋友的公益项目。其一，项目的教师队伍来自祖国的四面八方，包括江西、河南、湖北、上海、辽宁等省市；其二，借助线上渠道的报名方式，老年学员来自祖国的四面八方，甚至国外；其三，老年学员不但可以在线享受课程的直播学习，而且还可以免费看课程的全部回放。综上所述，“乐龄云课堂”公益项目不仅省人、省力，还不受地区地域、学习名额的限制。

（三）项目公益传播中的理念、方法和策略

1.“乐龄云课堂”公益项目的理念

“乐龄云课堂”公益项目传播的理念就是“让老年朋友们都乐起来”。让已经步入老龄化社会的中国老年朋友，在“乐龄云课堂”这一文化养老公益项目中享受快乐和充实是项目的宗旨，也是项目组织者的初心。该理念确定了本项目服务的主体——“老年朋友”，此处的服务不仅仅指的是接受服务，也指提供服务。“乐龄云课堂”项目希望打造一个为老年人互帮互助、实现自我价值的平台，并做大做强这一平台，一方面可以吸引更多的老年教师与老年学员，在教与学中互相促进，另一方面可以吸引对养老事业感兴趣、有思考、愿奉献的青年人，助力本项目的推广和传播策划，发掘更多“文化养老”的创意。

（1）**发挥自我专长**。老年朋友的积极参与有利于发挥其专长和实现自我价值。人生价值贯穿于一个人在社会生活中的全过程，当然也包括老年阶段。老年朋友作为社会人，他们对社会的发展也有应尽的责任和义务；在其尽义务的同时当然也享受着相应的权利并受到社会的尊重。反过来说，发挥老年朋友的专长，也是广大老年朋友的强烈愿望。退休的老年朋友当中有各种各样的人才，包括教育专家、经济专家、表演专家、科技专家、体育人才和管理人才，等等，这是我国实现科技兴国和可持续发展战略的一支潜在的人才大军，应该让一些有技术、懂管理、勤思考的活力老年人积极参与社会公益事业。这支具有劳动能力并且拥有各种技能的老年大军，应属于我们这个时代中最活跃、最积极的劳动力资源。

（2）**提高文化资本**。为“老有所为”积极创造条件是文化养老事业的目的。发展老年教育不仅是老年朋友社会参与的重要形式之一，并且通过继续学习，老年朋友还可以获得新知识和新技能，提高自身社会参与的文化资本，以“乐龄云课堂”为代表的文化助老公益项目对推动老年朋友从事志愿服务起到积极的促进作用。

（3）**解决老龄化问题**。“老有所为”是解决老龄化问题的一个重要途径。

社会组织应该充分发挥老年朋友的社会作用。例如，在北京，有两支闻名遐迩的特殊群众队伍，他们都是由退休人员组成的志愿队——“西城大妈”和“朝阳群众”，这两支庞大的队伍中有男有女，有身体健壮的，也有身体欠佳的。但他们都有一颗红心，愿意为首都的安全和发展贡献力量。“西城大妈”和“朝阳群众”这两支队伍可谓家喻户晓，而且屡建奇功。

习近平总书记在2017年视察北京时，专门提到了“西城大妈”和“朝阳群众”。他说：“人民城市人民建、人民管，光靠政府力量不够。北京有自己的好传统，如‘朝阳群众’‘西城大妈’，哪里多一些红袖章，哪里就多一分安全、多一分安心。”从北京中轴线往西看，“西城大妈”为民服务，邻里守望，成为西城志愿服务的金字招牌；往东看，“朝阳群众”举报犯罪，排查隐患，耳聪目明，正义感爆棚，被网友戏称为“世界第五大王牌情报组织”。凡是在重大活动中，他们就会走上街头巷尾，放哨站岗，红马甲、红袖标、红帽子是标志性的“三红”；日常生活中，他们的身影随处可见，就在我们的身边。

“西城大妈”和“朝阳群众”中的老年人身上凸显出来的是舍小家为大家的传统文化。

2.“乐龄云课堂”公益项目传播中的策略

“乐龄云课堂”始终秉持着“文化助老、文化养老”的理念，以“团结各方，互帮互助”作为项目的传播策略，并整合了社会上的有益力量，使愿为“文化助老”做出贡献的志愿力量得以激发和汇聚。实践证明，“乐龄云课堂”项目已经成为老年人发挥特长的平台，它的发展将实现老年人渴求文化养老的愿望。以下部分将从顾问团队、教师队伍、义务团体、管理制度等方面展示该传播策略的成就。

（1）**顾问团队**。“乐龄云课堂”聘用了一支热爱养老事业、有丰富领导经验的“顾问团队”。这支顾问团队的成员有来自中央机关退休的司局级以上领导，有省（市、区）厅（局）退休的厅局长。他们是老年人，也是文化养老的助推者。他们的阅历、能力、才气和人气，是“乐龄云课堂”可持续发展的保障。

（2）**教师队伍**。文化养老公益行动办公室打造了一支无私奉献的教师队伍。“乐龄云课堂”的教师队伍，是一支无私奉献的队伍。加入这支队伍的教师都怀着一颗感恩的心，他们关爱老年朋友、关注社会；他们释放能量、燃烧自我。办公室规定每人每次的讲课补贴只有 100 元，这比起课酬千元的讲课费来说，只是杯水车薪。但他们没有怨言，没有退缩，而且讲师队伍还在不断扩大，他们身上体现的奉献精神，为该项目教师队伍的稳定提供了有力保障。

他们是文化传播的使者，身上肩负着党对全社会老年朋友的关怀。由文化养老公益行动办公室副主任马占顺编写的《良师益友》一书，集中反映了“乐龄云课堂”教师的奉献精神，讲述了他们背后的感人故事。在采访彩墨山水课的华艳秋老师时，她一句话就让采访者深受感动：“通过网课的学习形式……可以传达党和政府对人民群众的关爱。”

面人制作课程的张俊显老师是中国传统文化遗产的继承人。在 2008 年奥运会期间，张俊显为每一位中国奥运金牌得主塑像；在 2020 年新冠肺炎疫情期间，他用手艺赞美白衣天使和社区工作者；在 2021 年庆祝中国共产党建党百年之际，他又精心制作《唱支山歌给党听》《长征组歌》来讴歌党的伟大。

（3）**义务团体**。文化养老公益行动办公室有一支义务团体。办公室的几位主任、副主任都是近几年从中央机关的有关部委退下来的司局级干部。他们本着“发挥余热、助力养老”的理念，自愿组成一个团队为“文化养老”做贡献。

（4）**管理制度**。在课程的管理上，项目制定了《教师管理办法》《社区学员管理办法》《班级群规章制度》《优秀学员、优秀班干部和优秀班级评选办法》等制度和办法。这些制度和办法的制定有力保证了“乐龄云课堂”教学的正常进行。

“乐龄云课堂”项目的成功离不开“团结各方，互帮互助”的传播策略。

所谓“团结各方”，就是努力团结一切可以团结的力量。本项目的服务对象是老年人，但参与者却可以来自各个职业、各个年龄、各个阶层。在顾问团队上，本项目聘用了一批有爱心、有经验的顾问，他们大部分是退休干部，愿为“文化养老”事业发挥余热。教师队伍中既有资深的退休教师，又有热心有才的青年教师，有来自大学的教授，有来自民间的非遗传承人，他们来自五湖四海，各行各业，为了“文化助老”的目标汇聚一堂。除顾问团队与教师队伍，本项目还组建了一支义务团队，由退休干部统筹，与志愿者齐心协力，为本项目提供组织、运营、后勤保障等服务。

所谓“互帮互助”，就是以实现公益为理想目标，汇聚各方志愿力量。在“乐龄云课堂”项目开展过程中，服务者与被服务者关系融洽，相互成就。退休干部们“老骥伏枥，志在千里”，他们拥有丰富的组织、管理经验，“乐龄云课堂”项目为他们提供了“用武之地”；退休教师们虽“烈士暮年”，仍“壮心不已”，他们有着几十年积累的教学经验，也有着传播文化、教书育人的初心，同时“乐龄云课堂”项目也为他们提供了施展才华的平台。参加项目的志愿者与老年朋友在知识与经验的互动中教学相长，“乐龄云课堂”项目使每一位参与者老有所学，适得其所。

（四）总结和思考

“文化养老”很受老年朋友的欢迎。“乐龄云课堂”项目因筹款不足，仅停留在上课或者组织线下文化活动的状态。中华民族有五千多年的文化脉络，还等待着我们去开发，如思想教育文化、音乐戏曲文化、服装穿戴文化、大众生活文化及养生中医文化等。老年朋友喜欢的唱歌、跳舞、旅游、书法、摄影等都是具体的文化，可以满足当下老年朋友的精神文化需求，该“文化养老”方式是老年人所需要和喜欢的，是时代发展的需要。

随着社会的发展，越来越多的老年人对养老生活的需求已不只是满足于老有所养、老有所医，还渴望实现老有所学、老有所为、老有所乐，“文化养老”的概念也随之应运而生。“文化养老”是相对于物质赡养而后起的一种积极的养老理念，能帮助老年人群体树立健康积极的老年价值观，同时也是一种体现中国传统文化和当代人文关怀的养老方式。它能使老年人更有尊严、更有获得感，从孤独走向充实，跟上时代的步伐。

“文化养老”是时代的潮流，然而新事物的发展过程往往是曲折的，“文化养老”亦不例外。“乐龄云课堂”项目在实践过程中，遇到的困难与挑战和解决路径总结如下。

1. 项目的挑战

（1）**文化养老内容有待丰富。**因为经费不足，目前仍存在品牌单一的问题，主要依靠“乐龄云课堂”项目推进“文化养老”事业。下一步要根据实际，开拓文化养老的新路径。如邀请文化养老的专家学者编写养生、健身、饮食、手艺、游览等系列的文化养老丛书；在有条件的社区组建老年朋友红枫读书会并丰富读书会的内容；组建社区老年红枫志愿者服务队，开展各种文化服务。

（2）**项目筹资方法单一。**“乐龄云课堂”项目运行一年多来，面临的最大的问题就是资金缺乏。由于是纯社会组织兴办的线上老年免费公益教育项目，政府没有一分钱的资金投入或者支持，只是靠社会募集资金来维持现状。“乐龄云课堂”运转起来困难重重，这种“巧妇难为无米之炊”的困惑如果不加以解决，那老年人“老有所为”的初心将难以实现。“乐龄云课堂”能否继续，养老文化能否做强，仍存许多疑虑。

“乐龄云课堂”是在疫情最严重的情况之下应运而生，尽管它为全国的老年朋友线上学习提供了方便，但也因疫情直接导致了它生长艰难。许多企业因疫情的不断出现，经营效益急剧下滑，从而使得“乐龄云课堂”筹资艰难。

“乐龄云课堂”这样一个为全国老年朋友服务的品牌树立起来，要经过全社会力量的培育。未来我们将尝试拓展筹资渠道，加大新媒体宣传力度，以得到社会各界的大力支持。

2. 项目采取的解决路径

唯物辩证法认为“道路是曲折的，前途是光明的”，事物发展往往是前进性与曲折性相统一的结果，既然我们坚信“文化养老”符合养老事业的发展规律，就应当热情支持与悉心保护其发展。尽管“文化养老”将会遇到种种困难，但我们要积极采取措施应对挫折与挑战。

（1）**开展多渠道募捐**。充分利用中国老龄事业发展基金会的公募资质，发挥互联网募捐优势，开设公募基金的捐助。目前基金会已经开启了网上公益募捐。这是一个良好的开端，相信热爱文化养老公益事业的各界朋友都会贡献自己的一份力量和爱心，也相信一些相关的企业会为社会的文化养老提供支持和帮助。

（2）**提升项目品牌知名度**。扩大社会影响，把“乐龄云课堂”做大做强。要想把文化养老这项公益事业做成社会上人人皆知的品牌，需要全社会共同努力。让越来越多的老年朋友能到老年大学实现再教育，用文化去点燃自己的夕阳红，这也是实现“老有所学、老有所教、老有所乐”的最佳路径之一。目前，面对社会上老年人群体不断增加的巨大需求，线下的老年大学却是“一座难求”。做好做强“乐龄云课堂”这个线上老年大学，就是最大限度满足老年朋友们的“文化养老”需求。

一方面，发挥新媒体传播优势，把覆盖全国的“乐龄云课堂”的一网、两微、一抖逐步建立完善，积极倡导各界的关注和参与。另一方面，不仅要在课程安排、师资选用、播出时间、后台管理等方面做好，更重要的是做好品牌的维护和管理。

（3）**加强与企业合作**。需要发展、联系一批经济效益较好、社会威望较高、政治上可靠的民营企业做朋友，请它们为全社会的文化养老出思路、想办法，也请它们为公益化的文化养老事业助力、出资。

“乐龄云课堂”项目一定会克服困难并发展壮大，它不仅为即将涌现的各类“文化养老”项目提供了示范，而且传播着砥砺前行、无私奉献的强大精神力量！

让“快乐操场”帮助孩子们成为更好的自己

国家体育总局体育彩票管理中心 / 中华全国体育基金会

国家体育总局体育彩票管理中心（简称“国家体彩中心”）作为全国体育彩票发行机构，充分发挥示范引导作用，通过制定统一的活动方案、建设统一的活动品牌、实行统一的活动传播等方式，通过试点示范、典型带动、全面推广等阶段，引导、鼓励各级体彩机构协同开展品牌化公益活动。

CASE

案例：“公益体彩，快乐操场”公益活动

（一）项目背景和意义

“公益体彩，快乐操场”活动是国家体彩中心于2010年发起的公益活动，该活动旨在为经济欠发达地区缺乏体育器材、教育资源的中小学校送去体育器材及课程。

“公益体彩，快乐操场”活动旨在进一步弘扬体彩精神，为青少年体育事业发展、乡村基层体育教育设施建设等贡献力量，践行公益彩票，助力“健康中国”。

近几年，该活动聚焦脱贫攻坚和乡村振兴重点地区，特别关注革命老区儿童的健康成长。如走进“三区三州”（西藏、四省藏区、新疆南疆四地州和四川凉山州、云南怒江州、甘肃临夏州）地区，让曾经深度贫困地区的孩子享受到体育带来的快乐，让乡村校园的体育课堂变得丰富多彩。

2019年至2020年，中国体育彩票联合成都体育学院在四川峨边开展“公益体彩，扶贫支教”活动，为深度贫困地区的中小学生送去了长期的体育课程，并为该地区编写了完整的体育课程。这项活动得到了峨边彝族自治县教育局及各中小学校的高度认可，社会反响良好。随着《关于深化体教融合促进青少年健康发展的意见》《关于全面加强和改进新时代学校体育工作的意见》等相关政策的出台，为响应相关要求，实现从“授人以鱼”到“授人以渔”的转变，2021年，该活动在原有的基础上进行了优化调整，升级后的“快乐操场2.0”以开展志愿者支教、捐赠配套体育器材、举办全员运动会为主要内容，配以体育社团建设和体育老师培训，从简单的器材捐赠、公益体育课向全方位帮扶受助学校健全体育教学机制、培养体育师资转变。

截至2021年9月，“公益体彩，快乐操场”活动已经在全国3628所中小学安家落户，惠及学生人数超过百万，得到了良好的社会反响。

（二）公益项目策划、执行和效果评价

1. 项目策划

“公益体彩，快乐操场”聚焦于体育公益，针对公立中小学体育器材和体育师资的缺乏，致力于给孩子们送去体育器材的同时，也带去体育教育，如冠军公益体育课、支教活动等，希望能让青少年在参与体育活动的过程中加强团结协作，收获成长，并感受更多的体育精神。

受捐学校的筛选要根据项目的目标，主要选择急需体育器材和体育老师的边远地区公立中小学。筛选时重点考虑学生人数较多、条件艰苦的学校，为它们送去极度匮乏的体育器材及公益体育课。体彩机构通过面向社会公开征集受助学校、实地探访、媒体及第三方机构评审、公示等方式，最终确定受助学校。此后，还会对受助学校开展定期回访。

2021年，“公益体彩，快乐操场”活动升级，共分为器材捐赠、志愿者支教、全员运动会举办、体育教学体系建设四大模块。根据受助学校学期时间

分布，将全年项目执行划分为春季和秋季两部分。在器材捐赠模块中，各省（区、市）体彩中心作为项目协办方，根据学校现阶段器材配备情况按需准备体育器材并开展捐赠仪式，让受助学校在教育物资层面上得到提升。在志愿者支教及体育教学体系建设模块中，捐助学校将根据自身教学能力及受助学校现有教学状况出具教学方案，方案包含受助学校情况分析、教学课程设定、验收标准等内容。通过系统的支教及教学培训，使受助学校可以在支教活动结束后弥补体育教学短板，提升本校体育教学能力。全员运动会举办模块是“快乐操场 2.0”的特色环节，通过运动会形式鼓励全校师生和家长共同参与其中，提升学校整体凝聚力，用体育天然的向上、积极属性助力孩子快乐成长。全员运动会中的比赛项目有别于普通运动会，削弱了项目的专业性和竞技感，更多考验团队的协作能力，让全员在活动中感受体育带来的快乐，加强班级之间的凝聚力。

“公益体彩，快乐操场”活动的学校筛选由高校和相关省（区、市）体彩中心推荐项目学校名单，优先选择革命老区、边远地区缺乏体育器材和师资的乡村中小学，派出志愿者进行体育支教。在支教过程中为志愿者提供宿舍和食堂，保障志愿者基本生活和人身安全。

志愿者的招募、培训、考核及分配由合作高校负责。一般每个项目学校分配两名志愿者，在每省每学期不超过 20 名志愿者的前提下，可以根据项目学校学生数量对志愿者分配数量进行合理调整；合作高校应举办志愿者出征仪式，安排摄影摄像工作，并邀请省（区、市）体彩中心代表出席。

支教课程要求由合作高校设计课程，包含大课间内容、代课体育老师培训内容和全员运动会训练内容。每个学期支教时间不少于两个月，项目学校不少于 6 个班，每个志愿者每周至少上 18 学时体育课，若项目学校班级数量较少，课时可以相应减少。

合作高校制作支教手册，并要求志愿者仔细阅读后签署。由合作高校和相关省（区、市）体彩中心协助项目举办全员运动会，安排摄影摄像工作，并要求项目学校全体师生参与。运动会形式和比赛项目参考北京体育大学出版社出版的全国学校体育联盟（教育改革）规划教材《全员运动会（中小学部分）》；若项目学校人数较少，可以和邻近项目学校共同举办全员运动会。

参加志愿者培训的项目学校代课体育老师发挥"传帮带"作用，帮助项目学校代课老师提升体育教学能力和水平。由志愿者协助项目学校组建、培训体育社团或者运动队，在全员运动会上进行展示表演。合作高校、相关省（区、市）体彩中心参照快乐操场VI手册制作项目素材。项目结束一个月内，合作高校提交志愿者支教总结报告；项目结束两个月内，合作高校提交项目总结报告。

项目宣传方面，由国家体彩中心、中华全国体育基金会、合作高校、相关省（区、市）体彩中心利用各自现有媒体渠道联合开展宣传推广工作，相关省（区、市）体彩中心负责本省项目学校配套体育器材捐赠活动方案制定、执行和嘉宾邀请等具体工作，国家体彩中心组织协调中央级媒体进行宣传报道。

项目时间计划方面，每年3—4月，合作高校申报支教方案；4月，签订项目协议，开展春季志愿者招募、培训、出征；4—6月，开展春季支教、春季全员运动会；9月，开展秋季志愿者招募、培训、出征；10—12月，开展秋季支教、秋季全员运动会。具体支教启动时间可根据当地教学时间灵活调整。

2. 项目执行

项目执行共分为两个季度，每个季度四个阶段。第一阶段，向省市发起"快乐操场"项目，国家体彩中心根据提报的受助学校资料进行筛选，并于第一季度1月份确认"快乐操场"举办省市。第二阶段，省（区、市）体彩中心根据本省情况选择支教学校，支教学校应有相应支教经验并对体育课程系统建设有一定的研究及专业性。第三阶段，支教学校出具相关支教方案，方案中应包含支教目标、支教流程及课程铺设，支教费用及省中心器材捐赠清单上报至体彩"乐善基金"。方案通过后基金会将对支教学校进行打款。第四阶段，支教开始，根据前期下发支教资料汇总清单进行资料收集，支教结束后一个月内进行资料上报汇总。

在执行过程中，各方职责分工明晰，国家体彩中心负责活动整体规划、媒体宣传推广、指导省（区、市）体彩中心组织实施捐赠等工作。中华全国体育基金会负责“公益体彩，快乐操场”项目物资器材用品采购及物流配送。各省（区、市）体彩中心负责组织本地学校报名、筛选并确定受赠学校、执行开展捐赠活动、组织本地媒体进行宣传。

湖南省体彩中心于 2021 年 5 月正式开启 2021 年湖南省“公益体彩，快乐操场”活动，共计划捐赠 15 所中小学，主要资金来源为体彩公益金，重点选拔革命老区的村镇小学，为需要帮助的学校捐赠乒乓球台及部分足球、图书等文体用品，并为有需求并符合条件的小学捐赠儿童篮球架。

2021 年 6 月，湖南省“公益体彩，快乐操场”活动受助学校评选工作举行。新华网、《湖南日报》、红网、《潇湘晨报》、新湖南、《湖南科技报》、湖南电台、腾讯·大湘网等媒体嘉宾，湖南体彩中心代表、市州体彩分中心代表，以及体彩实体店代销者代表等共同组成评审团，经过公开投票，共同评选出了 2021 年湖南省“公益体彩，快乐操场”活动 15 所受助学校名单。受助学校名单在湖南体彩网及社会媒体上进行公示，经实地考察后将进行器材捐赠。

各省市体彩机构根据本地实际情况，陆续开展了具有不同特色的“公益体彩，快乐操场”活动。

2021 年，辽宁体彩中心按照国家体彩中心的整体规划，对“公益体彩，快乐操场”活动进行了升级和扩容，除了捐赠体育器材外，还增加了志愿者支教、开展全员运动会等内容。捐赠学校数量较往年有所增加，2021 年捐赠学校数量达到 20 所，除瓦房子镇中心小学等 10 所学校外，还通过公开征集的方式选择了 10 所中小学，全部捐赠计划已于 2021 年 9 月底前完成。其中，沈阳体育学院的 20 名师生志愿者参与了“公益体彩，快乐操场”在辽宁省的支教项目。师生们在朝阳县、北票市的10所中小学开展了为期4个多月的支教活动，通过实施体育课程教学、体育社团指导、课外体育活动、体育教研、校园体育文化建设等活动，累计完成6000多学时体育课，创建体育社团6个。参与体彩支教活动的师生得到了所在学校的高度认可，特别是得到了学生的喜爱。

广东体彩中心已连续多年组织开展“公益体彩，快乐操场”活动。从2016年至今共资助建设66块“快乐操场”，活动通过资助体育器材、奥运冠军励志宣讲、公益健康课堂等形式，支持乡村振兴，助力青少年健康成长。2021年，广东体彩中心深入开展党史学习教育，扎实推进“我为群众办实事”实践活动。“公益体彩，快乐操场”活动以走进革命老区苏区为主题，帮助革命老区苏区的中小学建设“快乐操场”，宣传革命英雄，弘扬红色精神。

3. 项目效果评价

从2012年项目启动至今，国家体彩中心联合部分省市体彩机构，开始在全国开展“公益体彩，快乐操场”活动，为边远贫困地区缺乏体育器材和体育师资的公立中小学送去急需的体育器材和公益体育课。截至2021年10月，全国体彩机构已累计投入5994万元，为全国3628所学校送去了“快乐操场”。从2019年起，“快乐操场”活动升级，除为学校送器材外，还联合专业体育院校师生开展了系统支教工作，共在21个省市共计232个市县的部分学校开展了体育支教活动。多位受助学校校长表示，“快乐操场”弥补了学校在体育器材及体育教育这方面的短板，体彩系统性的体育教育建设也为乡村体育教育振兴做出了积极贡献。

2021年，全面升级后的“公益体彩，快乐操场”活动体现出两点变化。首先，活动增加了志愿者支教内容，通过丰富学校大课间活动形式、培训代课体育老师、建设体育社团等全面提高受助学校体育教学能力。其次，通过开展“全员趣味运动会”来传递进取、协作的体育精神，让乡村学生能够实现在“快乐操场”上快乐运动的目标。

青少年是国家的未来和民族的希望，促进青少年健康是实施健康中国战略的重要内容。体教融合是党中央、国务院的重大决策部署，是体育事业发展的重点改革事项，是体育战线的重大政治任务。“公益体彩，快乐操场”活动为学校带来的不仅仅是体育器材、体育老师，更能给孩子们带来希望和力量。该活动帮助受助学校利用“公益体彩，快乐操场”活动送来的器材装备，燃起青少年对祖国的热爱、对未来的向往。

升级后的“公益体彩，快乐操场”活动，通过帮助学校健全体育教育机制，全方位提升乡村中小学的体育教育质量，进而使孩子们享受乐趣、增强体质、勤于锻炼、勇于攀登，在快乐的操场上茁壮成长。

“公益体彩，快乐操场”活动经常邀请体彩代销者、销售员代表参与其中。体彩从业者通过参与活动深有感触，他们表示虽然平时每天都在店里为购彩者服务，销售体育彩票，每张彩票上面都印有“感谢您为公益事业贡献”的字样，但亲身参与到体彩公益活动中来，亲眼看到同学们使用“公益体彩，快乐操场”活动捐赠的器材时，才对自己所从事的这份事业的公益性质有了更深刻的认识。

（三）项目公益传播中的理念、方法和策略

“公益体彩，快乐操场”作为体彩多年来的优秀公益项目，一直秉承着提升学校体育教育品质，以发展体育课为乡村的孩子带来快乐的理念。从一开始的器材捐赠慢慢向支教捐赠升级，2021 年以支教升级为核心传播点，对受众进行了分析，并对受众接受渠道进行了分类。

传播受众共分为四大类别：购彩者、对体育教育感兴趣人群、对公益活动感兴趣人群以及大众，其中购彩者细分为 18 ～ 30 岁及 30 岁以上人群。根据受众群体特色，锁定了受众接受渠道：网络社交平台、网络新闻媒体、上下班通勤场所、杂志 / 期刊、公益论坛等。再根据确认的渠道进行宣传方式选择：早高峰广播、户外大牌（地铁 / 公交）、财经 / 教育网络媒体频道稿件、论坛传

播帖、杂志固定专栏文章、TVC、新闻通稿等。最终对于素材制作进行重点划分，对于核心宣传重点投入，对非核心宣传按需分配。

明确宣传方向及素材要求后，体彩对宣传素材进行分类。根据受众目标将素材分为长视频 + 短视频、TVC+ 广播 + 硬广 + 户外大牌 + 通稿、论坛帖子 + 杂志、合作活动等四类。

1. 长视频 + 短视频

长视频 + 短视频媒体渠道旨在面对年轻人，着重介绍“快乐操场”内容，提及体教融合的升级理念，介绍全员运动会的特殊性，让年轻群体对于“快乐操场”是什么，具有什么特色等内容有基础认知，宣传目标更多地向大众培育靠拢。

内容制作方面，长视频会更加全面地介绍项目内容及项目特色，其中包含“快乐操场”是什么，区别于其他活动的特点是什么以及全员运动会介绍。同时以支教教师与支教学生的视角阐释项目带给他们的收获，更能以共鸣的方式让传播受众感同身受地了解项目的必要性，激励大众参与其中。短视频则注重传播的“快而广”，将“快乐操场”的核心内容进行精简化制作，做大面积宣传铺设。

2. TVC+ 广播 + 硬广 + 户外大牌 + 通稿

TVC+ 广播 + 硬广 + 户外大牌 + 通稿渠道旨在面向大众，在宣传中重点突出“快乐操场”，以体教融合为抓手并以全员运动会为载体的公益项目，广泛铺设，形成多方位市场教育网络。

TVC 通过对“快乐操场 2.0”全员运动会的内容进行记录和梳理，抓取最动人的瞬间，在提及体教融合升级理念的同时介绍体彩项目中全员运动会的品牌特色，最终将“快乐操场”打造为品牌公益形象的一个富有特色的形象缩影，做到广泛传播，达到泛市场教育的目的。

广播内容注重于信息的抓取，用一个特殊的场景描绘与背景音乐的烘托将受众带入运动会的热烈氛围中，营造“快乐操场”的快乐气氛，让受众感受到体彩公益的积极向上、富有活力。

硬广及通稿旨在加强曝光度的同时，将项目进行整体梳理并提取最有记忆点的部分对整个项目进行介绍，并挖掘好的故事进行单独阐释，将读者代入支教场景，感受孩子们在快乐氛围下的成长，更好地去理解体彩公益的意义与目的。

户外大牌更强调对于大众视觉的冲击力，要在一个画面中交代三个以上的信息，比较考验对于画面构图的掌控力。“公益体彩，快乐操场”项目的画面设计采用了分栏对比的形式，将每一个快乐操场的标志性环节以递进的关系进行设计，以捐赠器材、支教教师、全员运动会和快乐为四大设计重点。

3. 论坛帖子 + 杂志

论坛帖子 + 杂志的渠道铺设有针对性地提出“快乐操场”对于支教带来的意义，让专业人员认可体彩公益的特殊性和可研究性。通过对专业人员的身份进行专业市场培养，从而做到让专业人士引领大众关注并了解“体彩公益”。

论坛帖子需要做到资料充足、分析透彻，答帖的质量越高，对于项目的参与度越强。论坛帖子应着重于第三方视角，从大众关心的话题切入，结合体彩公益中的体育、快乐、积极等元素进行制作。

杂志内容铺设是对于项目实施的再一次肯定，通过杂志天然的权威属性让“公益体彩 快乐操场”活动再次被认可，提高大众的参与度。

4. 合作活动

合作活动部分有针对性地增加曝光度，利用活动的特殊性拉新客户，让参与到活动中的受众了解体彩公益特色，从而实现可感知的传播目标。活动内容应包含专业的乡村体育课程建设科普，让大众意识到举办此公益活动的意义与目标，身临其境地感受支教教师给乡村体育教育带来的重大意义。

（四）总结和思考

1. 活动的优点与优势

“公益体彩，快乐操场”活动以独有的公益视角及体育特色在公益领域发挥着独特的作用。主要表现在以下几个方面。

（1）**公益项目选取的视角较为独特，体现了差异化。**体彩较早地关注到体育教育领域的公益实践较为缺失，因此发挥自身体育公益的特点，聚焦于学校体育现状，将体育作为“育人”的重要手段，持续提供支持。

活动策划层面，2021 年中国体育彩票将重心转移至体教融合。体彩为了这一目标参考了相关体育教育的资料，从中提取体彩可支持的活动形式——全员运动会。全员运动会将学生、教师、家长、志愿者聚在一起，打破各个角色之间的壁垒，通过体育游戏、体育比赛让全员更加团结，一同感受体育在孩子教育成长中的魅力。

（2）**项目开展持续化，活动品牌打造长期化。**“公益体彩，快乐操场”公益活动已陆续开展十余年，并完成了从 1.0 版本的器材捐赠 + 冠军公益体育课，向 2.0 版本的系统体育支教升级。2021 年，该活动更是增加了全员运动会的全新环节。全员运动会一方面体现了系统性支教的成果，另一方面也让体育成为孩子们共同成长、分享友谊的重要渠道，使“快乐操场”成为一个可持续发展的品牌活动，传递“公益体彩，乐善人生”的品牌理念。

（3）**项目传播探索与时俱进。**随着近年来短视频平台的发展成为行业趋势，2021 年“快乐操场”也在短视频平台发力。视频内容上通过以项目中孩子、支教老师、志愿者及工作人员的视角将活动内容进行记录，运用多方视角阐述此项目对于当地体育教育发展的积极影响；视频形式上更加偏向年轻化，针对年轻受众习惯的传播方式，将“快乐操场”中的碎片化故事整合传播，让受众感知“快乐操场”就在我们身边。

（4）**项目整合各方资源，带动众多利益相关者共同参与。**各省（区、市）

体彩中心积极配合项目开展工作，省体彩中心负责根据当地情况选择合适的受助学校并联系当地高校形成帮扶合作机制。近年来，“快乐操场”还在积极联系各大体育相关企业、知名体育运动员、教练员等共同开展支教助力活动。同时，广大体彩代销者也积极参与项目成为志愿者。通过多方联动和各方力量合作，“公益体彩 快乐操场”成功完成升级，为实现乡村体育教育振兴带来坚实力量。

2. 活动存在的问题和不足

（1）**未能破圈传播。**该活动在受众分析及传播内容制作方面缺乏对体育圈以外的受众的细化分析，导致后期在素材制作及执行周期方面没有向非常规受众所感兴趣的点进行靠拢。针对此问题，在后期规划中应提炼项目优势并对于大众所感兴趣的点进行融合，从而将“快乐操场”的特色融入到更多生活中触手可及、大众喜爱的内容中去，做到渗透式破圈。

（2）**融合借势不够。**“快乐操场”项目前期对于宣传方面并未制订阶段性计划，导致宣传过程中一旦发生项目延期问题，则需要重新规划阶段宣传方案，比较费时费力，宣传效果上也因此缺乏一致性。因此在热点事件出现时，应急宣传无法及时跟进，导致将“快乐操场”封闭在一个固有受众圈内进行传播。在后期活动中，应考虑将公益内容拆分宣传阶段，将宣传痛点逐个击破，并及时收集热点信息，根据拆分阶段进行内容融合宣传。

（3）**活动的效果评估有待优化。**在宣传方面，公益项目应确认自己的项目目标，明确项目特色，从自身优势出发，分析受助群体特点，让助力效益最大化。宣传与项目本身应相辅相成，宣传内容应根据项目年度目标及执行阶段进行划分，逐层递进。在项目升级后，如果在执行及传播方面仍然没有明确的宣传主题及细致的宣传规划，导致在任务执行的前中期才开始对整体传播需求进行梳理，那么会导致部分宣传素材在准备过程中不够充分，无法对素材质量进行严格把控。因此，在活动效果评估中应注重前期策略制定，并在项目结束后根据各阶段效果评估确认最终项目的完成情况。

在执行方面，参与省市活动时发现省市更多的是进行步骤执行，并没有过多地参与策划和筹备工作，导致某些省市对于“公益体彩，快乐操场”活动的理解有所偏差。同时，此活动应根据省市情况因地制宜地制订活动方案。目前方案差异化不足，对于差异性教学还需制定相关执行办法。因此，活动效果评估应在完成项目的基础上，根据省市因地制宜地对项目改造环节进行评估，从而加强省市对于项目的自主能动性。

托起明天的希望
——“中银·未来”助学圆梦计划

北京中银慈善基金会

北京中银慈善基金会（以下简称“中银慈善基金会”）是在中国银行总行支持下成立的非公募基金会，2017 年 12 月在北京市民政局注册成立，2020 年 1 月 13 日正式更为现名。基金会以开展慈善公益活动为宗旨，不以营利为目的，帮扶贫困人群，促进慈善公益事业的发展。作为我国国管金融机构的第一家企业基金会和中国银行履行社会责任的重要载体，中银慈善基金会以建设新时代全球一流企业基金会为愿景，不断传承中银百年精神，弘扬慈善文化，促进社会进步。2020 年首次参加市级社会组织等级评估，被评为“4A”级社会组织。

2020 年“六一”国际儿童节前夕，习近平总书记在向全国各族少年儿童致以节日的祝贺时强调：“当代中国少年儿童既是实现第一个百年奋斗目标的经历者、见证者，更是实现第二个百年奋斗目标、建设社会主义现代化强国的生力军。”

“十四五”规划也明确指出：“加强困境儿童分类保障，完善农村留守儿童关爱服务体系，健全孤儿和事实无人抚养儿童保障机制。”

培养好少年儿童是一项事关国家长远发展的战略任务，关爱困境儿童是国家提升未成年人服务水平的重点方向。中银慈善基金会自成立以来，就把“中银·未来”作为基金会发展的战略目标之一，关注困难儿童并持续深耕，取得了可喜的成就。

“关爱困难儿童”是中银慈善基金会最初的探索，并逐渐确定为“中银·未来”项目。针对原国家贫困地区学生、教师和留守儿童“益”路探索，设计并发起了“童样世界·同样体验”“梦想有你才完美”“大爱医生眼科义诊助学”“小爱快乐包”等多项服务递送类和发展类项目，改造教室、宿舍、厨房、图书室、电脑室等，面向困境学生设立奖助学金，为中小学教师创造到东部发达地区学习机会，为留守儿童群体开展心理辅导、课余陪伴等。项目受益地区覆盖北京、内蒙古、陕西、湖北、青海、云南等省市自治区，为当地的困境孩子送上了身体、心理、智力、技能等多方面的精准服务，为他们勤奋学习、快乐生活提供了帮助，托起他们奔向明天的希望。

下面通过“中银·未来”项目的具体实施过程，探讨项目公益传播中的理念、方法和策略。

公益项目成果展示

CASE

案例 1：慈善助学，让爱生根

（一）项目背景和意义

青少年是国家的未来、民族的希望，教育是阻断贫穷代际传递的根本之策，中银慈善基金会自成立以来，便将慈善助学列入救助工作的重点，切实帮助困难儿童。近年来，按照“应助尽助、需助必助”的原则，逐步开展助学项目，守护青少年健康成长。

（二）公益项目策划、执行和效果评价

1. 童伴妈妈

据咸阳市民政局统计，永寿、长武、旬邑、淳化四个原国家扶贫开发工作

重点县（以下简称“北四县”）是劳务输出大县，现有留守儿童4500余人。

为了让外出务工人员能安心工作，支持当地的建设发展，更为了留守儿童能快乐健康地成长，有效解决亲情关爱、安全保护、心理健康等方面可能存在的问题，中银慈善基金会投入420万元，和咸阳民政局、中国扶贫基金会联合对“北四县”21个符合“童伴妈妈”项目实施要求和落地标准的村，进行了现场调研和论证，对选出来的21位“妈妈”进行专业培训，指导她们上岗，给村里的儿童一个温暖的家。

项目还以县、镇、村三级递送机制和县项目办为核心，携手公安、司法、民政、卫生等部门积极参与，形成直达儿童身心关爱的服务网络，旨在通过“一个人・一个家・一条纽带”的模式建立留守儿童安全成长监护机制。

“童伴妈妈”项目还计划在和孩子们相互了解和信任之后，根据孩子们的兴趣爱好，经常组织开展各类趣味活动，引导留守儿童融入社会大家庭，让他们在欢乐、和睦的氛围中找到家的感觉。另外，该项目还计划定期与孩子们在外务工的父母联系，交流最近孩子的学习、生活等各方面的情况，让“童伴之家”发挥留守儿童和在外务工父母之间的纽带作用。

该项目招募全职“童伴妈妈”，将全村孩子的福利、安全、健康都纳入其服务范畴。在“童伴之家”工作的“童伴妈妈”，主要负责全村儿童日常活动安全及与家长亲子沟通等问题。目前，该项目在长武县五个村顺利实施，得到社会各界一致好评。

2. 梦想中心

为了让贫困地区的孩子能受到与城里孩子相同的教育和培养，在中国银行的鼎力支持下，中银慈善基金会和上海真爱梦想基金会强强联手，利用学校原有教室进行改建，在陕西省旬邑县土桥中学、赤道社区九年制学校、实验小学、逸夫小学、郑家中心小学、底庙中心小学、太村中心小学、土桥中心小学等学校打造了24间标准化的多媒体“梦想中心”。

多彩的环境、多维的空间、多样的功能，也放飞了 15 816 名学生的梦想，激发了他们的学习热情，课堂不再沉闷，大家变得爱阅读、爱提问、爱讨论、爱思考。

要想长远兴旺发展，人才是根本，教育是根本。面对巩固脱贫成果、全面开启乡村振兴的新形势，中银慈善基金会工作人员想得更多的是为乡村振兴培育优质的后继人才。

通过与专业机构合作的方式，不断摸索实践，引进和实施了“梦想教室”“益心云课堂”“乡村幼儿图书驿站”“百班千人读写计划”等多项深受各界欢迎、提升乡村教师授课能力和学生益智素养的教育培训项目。帮助教师和学生开阔眼界，看到更大更远的世界，最终实现与素质教育先进地区接轨，不断提升乡村教育水平，放飞孩子们的梦想。

“梦想中心”不仅改变了学生们的“学”，也改变了老师们的“教”。梦想课程“多元、宽容、创新”的核心价值观和“问题比答案更重要，方法比知识更重要，信任比帮助更重要”的课程理念，与基础教育国家课程形成了很好的结构化互补。教师还可以在这里进行线上培训，不断提高知识储备，提升教学能力。

“梦想中心”的建立，不仅是对贫困学生的拳拳关爱，更是对旬邑县教育和社会各项事业发展的倾力支持。素质教育体系课程设计对学生产生可持续的影响力和潜移默化的人格塑造力，从而提升义务教育阶段学生的素质教育水平，帮助教师自我提升，帮助孩子们自信、从容、有尊严地成长。

3. 多彩课间成长计划

双减政策出台后，学生的压力大大减轻，课间都被老师赶出教室去活动，这也使校内原有的文体活动设施略显不足。中银慈善基金会发起并实施了“多彩课间成长计划”，将募集到的资金购买了 2582 册课外读物、2 套校园移动音响设备和 36 组篮球、排球、羽毛球拍等，并将其送到了旬邑县秦家小学和太村镇义井小学，使孩子们的课间生活由单调变为欢乐。

基金会还出资为旬邑县马家堡齐心希望小学建立了电脑教室，帮他们组建了自己的校乐队，校图书馆里也增加了6000多册新图书，还帮两个学校成立了合唱队，建起了版画实验室和剪纸实验基地等。

这些器材和设备的投入，以及相关社团的组建，不仅锻炼了学生的身体，丰富了学生的课余文化生活，同时也增强了学生的团队意识，促进他们全面发展，使学校真正成为学生快乐成长的乐园。

4. 童样世界·同样体验

2018年7月11日早上6点半，北京市延庆区刘斌堡小学门口，40名四年级、五年级的小学生身着校服，在老师的组织下，正有序地登上一辆爱心大巴。

孩子们就座后，车沿着蜿蜒腾跃的燕山一路驶向市区。尽管驾驶员和老师一再提醒孩子们山路弯道多，要坐好注意安全，但一到路面稍微平整的地方，孩子们还是会挤到窗前，贪婪地看着窗外的世界。

这40名学生都来自低收入家庭，因经济条件的限制，很少出远门，组织他们参加丰富多彩的亲身体验和寓教于乐的课程，孩子们都很激动。

孩子们在中国宋庆龄青少年科技文化交流中心和中国少年儿童新闻出版总社体验了丰富多彩的参与式体验课程。在“动手做”“探究”“设计”“创作”“反思”等过程中进行“体验”“体悟”“体认”；在全身心参与的活动中，发现、分析和解决问题，体验和感受生活，发展实践创新能力。

课程结束后，孩子们纷纷表示：“这样的课程太好玩了，没有一点疲惫，反而觉得时间过得太快！”“今天是快乐的一天！ Very good！”在卡片上，孩子们留下了参与此次活动最真挚的感受及收获。

2018年12月12日和2019年12月12日，基金会又协助全国人大完成了两次“童样世界·同样体验”游学活动，让内蒙古察右前旗和太仆寺旗的40名孩子到天安门广场看升旗，参观故宫博物院，走进清华大学与大学生一起交流互动，到中国科技馆感受前沿科技的新奇与能量。

正如一位孩子在留言本上写的：“虽然很难，但是只要通过努力就会成功。”这也正是中银慈善基金会开展公益项目的真正意义所在。

5. 一技傍身德不孤

建设技能型社会是推动我国经济社会高质量发展的有效保障。中共中央办公厅、国务院办公厅印发的《关于推动现代职业教育高质量发展的意见》提出，到2025年，职业教育类型特色更加鲜明，现代职业教育体系基本建成，技能型社会建设全面推进；到2035年，职业教育整体水平进入世界前列，技能型社会基本建成。

网络综合布线实训室里，学生根据指示灯信号，迅速判断跨接、反接、短路、断路等故障，熟练地端接相应的网络配线；中小学创客教室里，学生在按照老师的指令在进行机器人足球对抗、机械拼装、智能模型“造物”等课程；计算机教室里，学生有计划地学习着各类实用的软硬件技术……

“一技傍身德不孤”，为了让孩子们能掌握与时代对接的职业技能，发挥好“职教一人，就业一人，脱贫一户”的职业教育致富“发动机”。基金会与帮扶队共同努力，在淳化县职教中心投入80万元，实施“淳化县职教中心计算机实训基地建设项目”，把青少年的爱好、快乐与未来职业融合起来，在增强职业教育吸引力方面进一步发力，建成了全新的教室、配备了最新的设备和材料。

基金会捐赠的项目很实用，纵向可与高职教育及新兴就业市场对接，起到“扶技”的作用；横向可实现与普通高中信息技术及通用技术课程的资源共享，实现教育资源效益的最大化。

近年来，基金会还积极联系李锦记“希望厨师”和中国乡村发展基金会

“爱心月嫂”等公益项目，努力为“北四县”定向推荐项目，提升困境青年的就业致富能力，带动困境家庭致富。

CASE

案例 2：教育扶贫，打造舒适校园

（一）项目背景和意义

国务院总理李克强在做政府工作报告时指出：扎实推进脱贫攻坚和乡村振兴。乡村学校作为乡村文化的中心，在提高农民及其子女的教育水平、提高乡村人口素质上发挥着举足轻重的作用。教育扶贫，不仅要提高乡村学校的教学条件，也要提高乡村学校的教学环境，打造舒适校园。

（二）公益项目策划、执行和效果评价

1.“冬日暖心”计划

随着冬季来临，气温大幅下降，我国大部分地区陆续进入冬季采暖期，农村寄宿制学校冬季取暖安全是牵动所有人的一件大事，教育部曾多次就各地切实做好农村寄宿制学校冬季取暖安全工作发出通知和预警。

咸阳市淳化县共有 51 所义务教育阶段学校，煤改电后有 33 所农村寄宿制学校冬季都依靠冷暖空调取暖。由于空调在低温环境下制热能力衰减严重，加之使用年限已久，致使供暖的效果不佳，有时候甚至不制热。2019 年，中国银行捐资 480 万元，淳化县自筹 106 万元，对具备条件的 22 所学校进行了取暖设施升级改造，让学生们冬天上学不再寒冷。

2020 年，淳化县教育局通过中国银行扶贫工作队，向中银慈善基金会申报资金，解决剩余 11 所寄宿制学校中 9 所学校的冬季取暖升级改造问题。中银国际旗下的中国银行扶贫助学慈善基金有限公司了解到该项目后，非常赞同这种为祖国花朵暖身又暖心的行动，积极参与项目，向基金会捐赠 363 万元，助力解决该县最后一批义务教育阶段学校冬季取暖问题，让 2600 多名学生温

暖过冬。

基金会连续三年实施“冬日暖心”计划，为“北四县”的孩子送上暖心包，保障孩子们冬季室外活动温暖幸福。同时，也将爱的种子播撒在孩子们的心中，实现爱心的持续传递，形成用爱回馈社会的良好氛围。

随着项目的实施，2020年在淳化县胡家庙完全小学的教室里，温度计上显示的温度有22℃，孩子们都脱了棉衣，轻装上阵认真地读书学习。校长曹海营高兴地说：“多谢各级的关心帮助，孩子们可以在温暖的教室里学习，暖和的宿舍里休息，再也不担心发生冻伤了，保证了教学效果和学生的成绩。”

淳化县教育局副局长孙晓鹏表示：“中银国际和中银慈善基金会的支持，帮我们解决了大问题，这九所农村寄宿制学校，地处农村高寒地区，该项目的实施，确保了师生们清洁取暖、安全取暖、安心学习，大大改善了学校的基本办学条件，缩小了区域内教育差距。”

2. 打造卫生校园

小厕所大民生，现在城市的公共厕所已经在厕所改革之后升级的升级，改建的改建，以前找不到公共厕所，公共厕所不干净不卫生的现象已经基本上没有了。农村在厕所改革之后也把许多的旱厕改成了水冲厕所或者是环保厕所，但是农村还有一个地方的厕所改革真的没多少人关注，简直就是“盲点”，那就是农村学校厕所。特别是对于海拔较高、纬度较高、水资源匮乏的地方，改造成本往往更高，这一难点也更为突出。

而农村校厕改革直接关系到校园环境卫生和教育质量，也直接影响学生的教育获得感，还能对保障学生安全健康、培养学生良好卫生习惯起作用。

2020年，中银慈善基金会投入656.5万元，为“北四县”71所中小学新建“泡沫式环保卫生校厕”。明亮又干净的崭新校厕俨然成了校园“一景”，它们规整地站在操场一边，迎接师生的光临，没有上下水，也无任何异味，也不增加学校负担，改变了以往脏乱差的状况，师生身心更健康。

解决完了厕所问题，中银慈善基金会又盯住了“洗澡”难题，计划引进太阳谷基金会的“爱心浴室”，让乡村寄宿学校的中学生冬天里洗个热水澡不再是一种“奢望”。

为提升留守儿童的健康成长与自我保护意识，帮助其摆脱成长的烦恼与侵害，树立“学习、成长、奋斗”的人生目标，基金会正着手启动中银“小荷计划”，依托学校课堂为农村低龄儿童提供《儿童爱护身体防性侵教育》课程，发放包含帆布包、姐姐 / 妹妹衣服一套、卫生漫画、发圈、洗衣皂等物品的小荷包，让乡村留守儿童的心理和卫生问题更健康。

3. 照亮孩子回家的路

生活在城里，很多人不理解天黑是什么概念，因为各种各样的灯，让城里的晚上甚至比白天更明亮。而农村一到晚上就黑漆漆，不但影响农民的出行，常出现“村内一片黑，出门摔一跤”的状况，对于农民晚上走夜路来说也不安全，手电筒更是孩子们上晚自习的必备装备。

2020 年，基金会与感恩公益基金会合作，按照符合绿色节能发展理念，节约资源的原则，在淳化县和永寿县实施“全域点亮”项目，总计安装路灯 7471 盏，利用现代照明技术与艺术，科学地布局灯光，实现乡镇夜景照明“亮明”化，为乡亲们创造了一个舒适、休闲、柔和的亮化照明区域环境，给他们的生活带来了方便。

路灯穿过乡村的黑，照亮乡亲们晚上锻炼的广场，照亮晚归孩子回家的路，照亮整个乡村的笑脸，比星星更灿烂。

CASE

案例 3：还孩子一双明亮的眼睛

（一）项目背景和意义

2018 年 8 月，教育部等八部门印发《综合防控儿童青少年近视实施方案》，目标是到2023年，力争实现全国儿童青少年总体近视率在2018年的基础上每年降低0.5个百分点以上。2021年教育部编制印发《国家教育事业发展“十四五”规划》重点提出，预防近视的目标是各地儿童青少年总体近视率比2020年下降0.5或1个百分点以上。

永胜县位于云南省西北部，地跨横断山脉和滇西北高原两个地貌单元，处于低纬度高海拔地区，2020年5月16日正式退出贫困县序列。由于高原紫外线强、卫生状况不善、护眼知识缺乏等原因，学龄儿童眼病发病率较高。

（二）公益项目策划、执行和效果评价

了解到永胜县的信息后，2019年3月24日至30日，基金会组织了一支“大爱医生眼科义诊团队”来到永胜县开展义诊活动。那一次，他们深入到松坪乡九年一贯制学校和上啦嘛小学，为748名学生开展儿童眼科义诊活动，及时给有眼疾的学生分析了患病原因，并提出注意事项和治疗建议，组织开展了“爱眼护眼”知识讲座，并向学校师生赠送了遮阳帽、医疗箱和眼药水等物品。

永胜县委常委、副县长王鹏在义诊现场对医生们说：“感谢所有义诊团队成员的无私奉献！你们不仅为孩子们治好了眼病，还教会了学生、老师和家长如何爱眼护眼的知识，让我们山区的孩子眼睛更加健康，希望每个孩子都拥有一双健康明亮的眼睛，让世界充满光明！”

2019年10月26日上午，云南省丽江市永胜县大安乡梓里中学的一间教室里，中银慈善基金会组建的“大爱医生眼科义诊团队”的医生正在为学生做视功能、视力、屈光、眼底等各项检查。一些患红眼病等轻度病情的学生被请到一旁，医生边亲自给他们滴眼药水，边给他们讲解爱眼护眼的相关知识，随后还赠送了专治的眼药水。对一些近视度数高等需要佩戴眼镜的孩子，则有专人负责记录他们的姓名、左右眼近视程度等信息，等到把为每个人专门定制的眼镜配好后，再邮寄到他们手中。在一周的时间里，来自两个国家、6个不同省份城市的医生，为大安乡3所学校864名学生组织了义诊。

有了永胜县的经验，基金会又启动了“守护老区的‘睛’灵”计划，在校园开设护眼科普课堂及学生视力安全营社团，为学校培养“爱眼大使”，通过校内老师实时监控学生眼健康状态；对青少年儿童进行眼健康检查，建立视光档案，通过定期检查持续追踪视力状况，发现屈光不正学生，为其配眼镜并定期复查更换……

CASE

案例 4：打造一支不走的名师队伍

（一）项目背景和意义

再好的线对线和键对键，也代替不了面对面。

教师是祖国花园的园丁，是孩子成长的重要守护人。教师的教学方式直接决定了孩子汲取知识的有效性、掌握知识的牢固性、对知识举一反三的能动性。教师的知识覆盖也在各个方面影响着孩子的眼界和对知识的渴求。

如何提升现有乡村教师的能力素养，把他们打造成一支不走的名师队伍，是提高乡村教育水平和孩子们教育质量的关键。

（二）公益项目策划、执行和效果评价

为全力支持中国银行扶贫点咸阳“北四县”打赢脱贫攻坚战，帮助贫困地区阻断贫困的代际传递，为乡村振兴储备人才，中银基金发起了“彩虹园丁教师培训”捐资助学项目。帮助旬邑县张洪镇秦家小学和太村镇义井小学、魏洛小学、富村小学选派的 20 名教师到咸阳市彩虹小学进行为期两周的跟岗学习培训。

此次募捐活动由中银基金携手中华少年儿童慈善救助基金会，通过民政部指定的慈善组织互联网公开募捐信息平台——中银公益发布，倡议公司员工及广大社会爱心人士自愿捐款，由中银慈善基金会执行。该项目共得到近 300 人次捐赠，募捐筹款 50 744.47 元，顺利完成募捐目标。

中银慈善基金会针对乡村中小学生引进并实施的“中小学语文教师成长计划”“彩虹园丁教师培训”等，通过教学观摩会、同课共讲、在线共读、教师读书会、在线研习营等方式，提升教师的教育水平，教师和学生的反馈都很好。

“彩虹园丁教师培训”项目提升了教师的课程设计和课堂教学能力，从而对学生产生可持续的影响力和潜移默化的人格塑造力，提升了义务教育阶段学生素质教育水平，既帮助教师自我提升，也帮助孩子们自信、从容、有尊严地成长。

项目公益传播中的理念、方法和策略

（一）与主流媒体合作扩大影响力

主流媒体代表了权威性和公正性，公众对主流媒体的信任度很高。中银慈善基金会与《人民政协报》《公益时报》《华夏时报》等媒体建立了良好的关系。其中人民政协网深入报道了由中银慈善基金会进行的“冬日暖心”计划，报道中通过采访受捐民众，对基金会的公益影响力做了进一步的传播；《公益时报》和《华夏时报》也都对基金会的公益项目进行了详细报道。

通过刊发不同的主题稿件，主流媒体传播了中银慈善基金会的公益理念和公益事件，让更多的人了解公益，参与公益，扩大了基金会的社会影响力，彰显了慈善的魅力。

（二）用群众口碑树立公益品牌

人人称道，有口皆碑。一个公益品牌最好的品牌根基就是群众的口碑，做得好不好，群众心中都有数。

从“童伴妈妈”到“冬日暖心”计划，中银慈善基金会做的公益项目一直以来都被群众所称赞，大大提高了好感度、美誉度以及关注忠诚度。

“学校新装的热风机可好了，教室和宿舍比家里都暖和，”淳化县官庄完全小学五年级学生张思涵说，“我们一定要好好学习，将来回报祖国！”这是人民政协网采访中，小学生对中银慈善基金会捐赠的暖风机的质朴评价。短短两句话，体现了在中银慈善基金会的帮助下获得更好学习环境的孩子最真挚的情感。

从群众中来，到群众中去，做公益的人是普通群众，受到帮助的也是普通群众，让公益传播，让爱扎根，中银慈善基金会的公益项目激发了越来越多想做慈善、想奉献社会的群体和个人参与，也帮助了更多需要帮助的人，在得到群众的赞誉的同时，用群众口碑树立起了最牢固最有品质的品牌形象。

（三）新媒体提升传播效力

公益组织要想长久发展，获得较强的生命力和竞争力，就需要不断提升品牌影响力。近年来，新媒体作为新兴传播工具，正在快速发展并不断壮大，爆发出无限的生机和活力。

中银慈善基金会在官网、官方公众号和官微开展系列报道，有效传播了公益理念和慈善文化。

新媒体不仅仅是公益组织和公众交流信息的平台，同时也是沟通情感的良好互动渠道，中银慈善基金会利用公众号和官微的互动性，增强了公众与基金会的互动，这有利于公众对基金会产生归属感、培育忠诚度，提升了基金会的传播效力，最终使得其支持者更深入地了解中银慈善基金会的品牌精神，达到了更好的传播效果。

新媒体方面，未来中银慈善基金会将在短视频方面发力，用影像的力量感染更多的人参与公益，传播公益。

（四）公共部门肯定，深化品牌价值

“冷空气频繁来袭，部分鳏寡孤独、老弱病残人员御寒衣物短缺，恳请基金会给予支持羽绒服1000件……”这是一份来自河北雄安新区管理委员会公共服务局的求助函。中银慈善基金会每年都会收到很多这种来自公共部门的求助函。正是在一个地区项目的成功案例，引发了其他地区公共部门的注意，所以中银慈善基金会的品牌得以在公共部门间传播。

2020年，淳化县教育局通过中国银行扶贫工作队，向中银慈善基金会申请援助资金，解决县里剩余9所寄宿制学校的冬季取暖升级改造问题。中国银行扶贫助学慈善基金有限公司了解到该项目后，向中银慈善基金会捐赠363万元，让2600余名学生冬天上学不再寒冷。

淳化县教育局副局长孙晓鹏对中银国际和中银慈善基金会表示了认可和感谢。

在基金会发展的历程中，与公共部门的合作成为深化品牌价值的重要一环，中银慈善基金会同支援地区的公共部门深入合作，公共部门使基金会更加了解支援地区的实际情况，也给基金会有效的建议，最终在很多项目中得到了各级领导的肯定和赞誉，深化了基金会的品牌价值，也为基金会在其他地区的公益实践提供了有效范本。

（五）银行系统传播，提供内在动力

中银慈善基金会依托中国银行总行，其众多传播渠道也是基金会的内在动力，如中国银行官微、《中行职工报》、“复兴壹号”党建平台等中国银行的平台都对基金会的相关项目进行了宣传报道。中国银行拥有庞大的用户量，中国银行的平台也拥有庞大的粉丝量，这都是基金会可以持续发展壮大的内在动力，也让基金会可以更加有效地开展公益传播。

“复兴壹号”党建平台是中国银行党委贯彻落实“运用互联网技术和信息化手段开展工作”的部署要求，顺应互联网、云计算、大数据为代表的信息

技术快速发展趋势，秉承“共享、共建、共担当”的理念，联合重点客户单位，共同打造的“互联网＋党建”新模式。该平台获评中国人民银行科技发展奖三等奖，成为金融行业唯一获奖的党建平台。正是有了这些优秀的银行系统平台，让中银慈善基金会可以站在巨人的肩膀上，找准发展方向，迅速传播壮大。

总结和思考

经过三年的持续投入，中银慈善基金会实施的“中银·未来”助学圆梦计划，形成了一个全面而系统的布局。该计划充分调动家庭、学校和社会各方面的爱心和力量，深入乡村开展符合当地实际需要的各类公益项目，覆盖从孩子出生到上幼儿园，再到接受义务教育，直到职业教育的方方面面，帮助孩子们开阔眼界，形成良好的学习和生活习惯，健康快乐地成长，托起明天的希望。

中银慈善基金会在公益传播方面刚刚起步，需要提高的地方还很多，公益传播的发起和制作，应更积极地进行数字化转型，如此才能顺应这个时代的媒介特性，更有效地传播正向价值的力量。未来短视频、公益电影等都是基金会在公益传播中需要发展的方向，用真心讲好公益故事，用行动做好公益，中银慈善基金会将不断践行初心，拉近与群众之间的距离，让公益持续发光发热，照亮更多处于黑暗中的人。

让生命的旅程流光溢彩

北京泰康溢彩公益基金会

北京泰康溢彩公益基金会（以下简称“泰康溢彩基金会”），是由泰康保险集团股份有限公司发起的非公募基金会，于2018年11月23日注册设立。泰康溢彩基金会以“关爱生命、造福民生”为宗旨，聚焦助老、公共卫生、助学、乡村振兴、灾害救助等领域的公益事业，致力于支持大健康相关的公益项目，推动公益慈善事业发展，帮助更多人享有健康快乐的美好生活。

自成立以来，泰康溢彩基金会逐步确立了“促进整个社会增加养老服务供给，提升养老服务质量，培养养老专业人才，倡导积极老龄观；催化、联结推动养老行业变革的力量，为有理想、有潜力的社会组织提供耐心资本和创新支持；促进公共卫生长效治理机制，推动公共卫生政策制定，以创新研究促进科研成果转化”的战略定位。基金会业务涉及资助困难老人生活、困难病患就医、困难学生就学；资助养老服务机构基础设施改善；资助养老服务人员能力建设和交流活动；资助乡村基础设施建设和改善；资助自然灾害、事故灾难和公共卫生事件等突发事件造成的损害等。

公益项目成果展示

CASE

案例 1：赋能 + 资助，探索养老新模式

（一）项目背景和意义

“十四五”期间，我国 60 岁及以上的老龄人口将达 3 亿，步入“中度老龄化”时代，积极应对人口老龄化已成为国家战略。当前，养老服务急需提质增效，老年人幸福指数亟待提高。长寿时代下，用专业和创新的公益力量让更多人享有快乐和健康的生活，成为泰康溢彩基金会的首要目标。

2018 年上半年，基金会在筹建中，团队就走访了四川、湖北、江西、陕西等 8 个省 16 个地市，考察养老机构，与当地民政局、医保局交流沟通，召集了 80 家养老机构的院长召开座谈会。调研进行了小半年，最终确定了公益产品设计思路和行动方案。调研发现，“十二五”期间，国家已经投入大量资金，千名老人拥有床位数达到了 31.6 张，全国共有养老机构超 4 万家。但是由于管理能力、服务能力不高，以及供给存在结构性问题，很多养老机构床位空置严重，入住率仅为 58.03%。养老机构普遍在信息化、标准化，养老从业人员在职业化方面存在迫切需求。找到了问题，溢彩公益产品的设计方向也就有了，最终行动方案确定为精准捐助，以“赋能”和“资助”作为“溢彩千家”的实施模式。“溢彩千家”项目名称由泰康溢彩基金会发起人、荣誉理事长陈东升提出，寓示着要用10年时间帮助1000家普惠型养老机构。“溢彩千家”成为基金会的起步项目，也是主干项目。

（二）公益项目策划、执行和效果评价

“资助”模式主要面向脱贫攻坚地区的县镇级养老机构，为它们提供资金和养老康复设备支持，着重用于提升养老机构的硬件条件，解决当地老人最急需、最迫切的现实问题。泰康保险集团助理总裁、泰康溢彩基金会理事长应惟

伟举例说，一些养老院有很多高龄失能老人，但没有专业的护理床，护理人员工作强度增大。基金会通过直接捐赠多功能护理床，极大地减轻了护理强度，并有效改善了老人的生活质量。

截至2021年12月，泰康溢彩基金会已在全国资助养老机构200家，覆盖31个省（自治区、直辖市），惠及老人5万名。

在“输血式”资金设备资助、硬件设施改善、护理条件提升的基础上，基金会也逐步向“造血式”公益迈进。

针对地市级的大型养老机构，采取“赋能”模式帮助养老机构提质增效。授人以鱼不如授人以渔，这种模式是“溢彩千家”项目的主要模式。基金会确定了通过溢彩设备、溢彩培训、溢彩科技等方式为养老机构进行有效赋能。

江西上饶市福海老年公寓是溢彩千家项目“赋能”模式的典型例子。

福海老年公寓创办于2008年，是一家有500张床位的大型养老机构。在2019年底成为全国首批8家养老机构国家级服务标准化试点单位之一。

2020年10月21日，泰康溢彩基金会组织了《养老机构等级划分与评定》国家标准理解与应用培训班。来自全国20个省（自治区、直辖市）60家养老机构的院长和地方民政干部参加了此次培训课程。

参加培训的学员都提到溢彩公益培训是养老人的“加油站”，通过课程培训不仅学习了国家最新的养老政策和养老院运营管理知识，还和来自全国各地的院长一起抱团充电，交流碰撞，对长寿时代的挑战和机遇也有了更多的思考。

大家心里都有一个明确的目标，那就是通过学习掌握国内首次养老机构评级相关政策，让自己负责的养老机构管理和服务更上一层楼。

养老机构院长和中层管理人员的职业能力将直接影响到养老机构的服务与运营管理。泰康溢彩基金会深知人才的重要性，从设立之初就将赋能培训各类养老从业人员作为一个重要资助方向，设立了管理者、护理骨干、一线护理员三级赋能培训体系，组织编写出版了三级教材，建立了培训服务商资源库，线上和线下开课，培训内容涉及管理、医疗、护理、康复、心理、营养等多个专业，民政部和各地民政局也给予大力支持，已累计培训各地养老从业人员及居家照护人员等 20 000 人次，助力养老服务水平稳步提升。

除了对人才培训赋能外，“溢彩科技”则主要以科技驱动赋能养老院的服务品质，免费提供一套养老机构信息管理系统，为机构的入院评估管理、居住管理、入住老人信息管理、突发事件管理等方面实现 PC 和移动双端信息化操作。

一个机构越大，其管理效率的提升就越依赖于信息系统。北京市石景山区民族养老院院长郝青青深有体会。“我们院作为泰康溢彩的首批捐助机构，用的正是泰康溢彩提供的信息系统，在手机上就能直接管理养老院，”郝青青表示，“在系统上可以提前做好方案，护理员按照指导，把老人一天的护理工作按标准做完，特别方便实用。”

目前基金会已经开发出精准捐赠模型，也完善了设备采购清单。原来要反复与受助养老机构沟通需求，才能确认捐赠物资数量及金额，现在机构在申报过程中输入床位数、成立时间、入住率、员工数量、失能人数占比等不同维度信息，系统自动就能测算出捐赠金额。受捐方在采购平台上根据额度，自主选出自己需要的设备。这样一来，沟通成本和效率大大提高。原来完成一家捐赠，从沟通需求到设备到位，需要 60 天，而现在只需要 35 天。

泰康溢彩基金会正在升级旗舰公益产品 2.0 版本，将设备捐助、培训赋能、信息技术赋能、健康管理赋能整合为“溢彩空间”公益场景，由产品变场景，由单向资助变参与式公益，增强与养老机构的互动，激发养老机构的内生能量。

CASE

案例 2：拓展业务边界，成为助老创新的撬动力量

（一）项目背景和意义

2016 年颁布的《慈善法》明确，提供公共产品和服务也是慈善，公益慈善越来越成为推动社会创新、促进社会和谐的重要力量。

每家企业的基因不同，能够贡献力量解决的社会问题也有所不同。如果能够在企业最擅长的领域提供解决社会问题的方案，可达到事半功倍的效果。放大公益成效，首先对内要用好泰康大健康生态优势，其次要发挥基金会的资金杠杆效应，撬动更多的社会力量加入进来。基金会的理事单位包含了泰康各子公司和集团资源部门，它们提供了基金会非常好的禀赋优势，同时基金会按开放、共享、普惠的公益基本逻辑，设计产品、设计项目，从而保证最大社会效益。

2020 年的政府工作报告提出，促进机构社区居家养老相协调，医养康养相结合，加强配套设施建设，为老年人群体提供更周全贴心的服务。泰康溢彩基金会在持续提升机构资助效率的同时，把目光投向了社区和居家养老，努力探索助老公益新模式，培育助老公益新生态。

（二）公益项目策划、执行和效果评价

以北航社区为试点的单位社区“养联体”建设方案正在推进中，并将引入泰康健投的医养能力，形成“公益（溢彩）+ 商业（健投）+ 街道社区（北航）+ 学界（北京师范大学中国公益研究院）”四位一体的综合落地解决方案，从实践层面和政策层面推动解决大型单位社区的养老课题。

2021 年 5 月 11 日，“溢彩星光社区老人关爱服务”项目签约仪式举办，北京 12 家社会服务机构从 73 家申请机构中脱颖而出，获得了基金会资助。这些社会服务机构作为深入北京 33 个社区的“毛细血管”，溢彩为它们输血、造

血。它们将为失独及伤残家庭、失能失智、计生特殊家庭等的困境老人提供公益服务，涉及认知症筛查照护、老人安全教育、顽固囤积行为矫正、居家照护者支持等多个层面。这个项目的特点是，12 家社会服务机构不仅获得了基金会的资金帮助，而且获得了智力赋能，项目组设计了公益导师团机制，东城区民政局原局长于秀清、民政部培训中心教授李长文、中国青年政治学院社工系教授周晓春 3 位公益导师，针对 12 家项目实施进行全程跟踪和辅导，项目周期为 9 个月。

2021 年 7 月，在武汉武昌区又一个“溢彩星光”项目正式启动，7 家专业社工机构和武昌区 9 家养老机构结成对子，社工进机构提供专业社工服务，3000 多名老人身边有了“专业小棉袄”。

泰康溢彩基金会还将依托泰康在医养大健康领域的资源，组织泰康公益讲师团就认知症照护、健康促进、老人金融知识普及等开展讲座。

公益是资源联结，公益是创新孵化。泰康溢彩基金会正发挥资金杠杆效应，撬动更多社会力量加入为老服务的创新事业。

作为业务主管单位，北京市民政局高度评价了泰康溢彩基金会成立以来在助老领域的探索与创新，也希望其在破解北京超大城市养老难题方面发挥更大作用。

CASE

案例 3：溢彩助学：联动泰康资源，助力困境学子

泰康溢彩基金会联动泰康生态企业，倡导“公益因参与而伟大”，将“溢彩助学”打造成面向生态内企业和个人的公益项目。

“星能冠军助学项目”是基金会自 2020 年起联合泰康在线结合其车险业务场景，创新融合公益概念发起的公益项目。通过把电子保单与环保、公益、健康的理念相结合，为“车险 + 公益”的互联网化运营进行有益探索和实践。截

至2021年10月，已有近40万人次爱心客户参与，由星能公益基金会实施开展了吴起、开州、张家口三场冠军助学资助活动。

“溢彩挚友县镇中学生成长陪伴计划”开发设计了关于“乡村振兴”主题的课题研究。同时，带动泰康生态体系积极参与到志愿活动中。2021年4月28日，泰康人寿湖南怀化中支组织员工、客户共同参与了“peer空间”开放日公益活动。

“泰爱计划”是由泰康人寿业务精英、培训讲师等共同发起，联合泰康溢彩基金会和北京微爱公益基金会，资助湖北、湖南等地因疫情、洪水导致失学或家庭贫困的学生助学金，减轻家庭经济负担，惠及学生约150人。通过杉树基金会向四川省凉山彝族自治州捐赠17.4万元，资助8所乡村学校图书等教学设备和教学设施，惠及5500多名学生。

为响应北京市委市政府“引导在京慈善机构为北京服务”的要求，参与贫困助学项目，向北京慈善基金会捐赠60万元，用于资助北京市社会救助对象家庭考入大学的新生。支持北京市对口帮扶地区助学项目，基金会捐款10万元集中帮扶内蒙古乌兰察布市9个旗县市的1204名建档立卡贫困学生。

乌兰察布凉城县民族小学助学项目由基金会联合泰康人寿北京分公司共同发起。项目利用基金会业财系统可追踪功能，发动员工、绩优业务人员并带动客户积极参与，体验便捷的公益捐赠服务。本项目共13.8万元资助乌兰察布凉城县民族小学的69名困难学生。

CASE

案例4：乡村振兴：响应国家号召，助力打赢脱贫攻坚战

泰康溢彩基金会积极响应国家战略，巩固拓展脱贫攻坚成果，实现脱贫攻坚成果与乡村振兴战略有效衔接。基金会将乡村振兴与助老相结合，推进“溢彩健康空间”落地。同时，探索通过产业支持、人才培养等多措并举支持美丽

乡村建设。

2020 年是国家脱贫攻坚战的决胜年，泰康溢彩基金会积极响应脱贫攻坚和健康中国的国家战略，结合泰康在养老领域的核心优势，创新扶贫方式，助力打赢脱贫攻坚战。2020 年 10 月 29 日，在“京津冀社会组织跟党走——助力脱贫攻坚行动”成果展示暨乡村振兴衔接推进会议上，基金会获得“突出贡献单位”表彰，成为北京市获得表彰的 10 家社会组织之一。

河北大名县新农村扶贫综合体项目，围绕全面脱贫攻坚和打造乡村振兴“大名”样板，2020 年泰康溢彩基金会资助河北大名县农村扶贫综合体项目 200 万元，先期在万堤镇廉山庄村、大名镇岳庄村、大街镇双台村和鱼营村等 4 个村试点实施。4 个村辐射 6000 多名农民，集中供养约 160 名老人。实现居住、就餐、娱乐、医疗服务等“一院多能”，养老、幼教、看病、助残、就业等“五位一体”，探索新时代农村扶贫综合体建设，从源头入手，解决农村留守老人、妇女、儿童等社会问题，进一步解放农村剩余劳动力，为家庭创造更多的财富，全面提升农村群众生活质量和幸福指数。

2020 年泰康溢彩基金会资助的“布拖县农民工活动之家”项目，是帮当地打造的农民工就业技能培训基地和平台，为农民工提供职业技能培训、就业服务、创业服务、维权服务、司法救助、社会保障等协调服务。凉山州布拖县是国家级贫困县，是全国脱贫攻坚主战场。特木里镇是凉山州的一个大型集中安置点，安置了 26 个乡镇 102 个村的集中搬迁人员，其中易地扶贫安置 1041 户 5586 人、彝家新寨 435 户 1688 人、三峡新居 300 户 1619 人、土地增减挂 1157 户 5433 人。

CASE

案例 5：灾害救助：经受抗疫历练，支援河南抗洪救灾

2020 年新春伊始，新冠肺炎疫情开始肆虐，泰康溢彩基金会充分发挥公益力量，主动担当快速响应，捐款捐物超 1 亿元，资助实施多项公益计划。

自2020年1月21日开始，从武汉到湖北，再到全国，从国内到国外，泰康溢彩基金会抗疫捐赠支出超1亿元，捐赠防疫物资超220万件，在北京的慈善组织中捐款（物）数额位居前列。受益人群广泛，包括医护人员、老年人群、养老从业者、志愿者、农民工、海外留学生等。

泰康溢彩基金会建立了多元参与、高效协同的合作网络，包括政府机构（武汉市政府、北京市民政局）、泰康保险集团及旗下公司、社会团体（楚商联合会、武汉大学校友企业家联谊会）、爱心企业、生产厂商、公益组织（复星基金会、东润基金会、湖北省信义兄弟农民工帮扶基金会）、泰康员工志愿者等，各方优势互补，协同抗击疫情。

捐赠物资驰援雷神山医院等所在的湖北省15个地市州，为医护人员筑起防护屏障。向全国1300家养老院捐赠防疫用品，守护老人安全健康。捐资支持东润基金会"抗击疫情医护保障及子女教育专项基金"，惠及652名感染新冠肺炎的医护人员和416位医护人员子女。资助"溢彩心晴"武汉养老机构疫后心理支持项目，促进老人和养老从业者的身心健康。捐赠200万元资助天门市、荆门市、孝感市三地的1000名贫困户，帮助贫困户渡过难关，务实推动帮扶工作，用公益力量"搭把手、拉一把"，支持湖北疫后重振，助力脱贫攻坚。关注支持京津冀地区，针对2020年6月北京疫情，向北京及天津、河北、内蒙古等地捐赠防疫物资。

2021年，河北、吉林、黑龙江、甘肃等地疫情防控形势一度严峻，抗疫之战仍在进行，泰康溢彩基金会为助力当地疫情防控工作，陆续捐赠价值近200万元的防疫物资。

2021年7月20日，河南省多地遭遇历史罕见持续性强降雨引发险情，出现严重内涝和罕见洪水。灾情牵动人心，救援迫在眉睫。泰康保险集团于7月21日第一时间启动突发事件应急预案，并宣布通过泰康溢彩基金会捐款5000万元，联合前线的救援机构和慈善组织，约定用于受灾影响严重的郑州等地市，保障当地群众的人身安全、采购紧急救灾物资、支持灾后重建工作。7月

26 日，泰康溢彩基金会承诺捐赠的 5000 万元救灾资金陆续到位，将分别用于援助郑州、焦作、新乡、开封、洛阳、许昌、平顶山、安阳、鹤壁、南阳、周口共 11 个地市。

CASE

案例 6：设立溢彩公卫专项基金

在重大公共事务面前，公益慈善正不断成为推动社会创新、促进社会和谐的重要力量。

2020 年新冠肺炎疫情暴发后，泰康溢彩基金会设立“应对人口老龄化公共卫生及流行病防治专项基金”，以提升中国公共卫生教育、研究水平，促进科研成果转化为应用与实践，以提升长寿时代对流行病的防治水平为目标，积极参与和推动基于循证的公共卫生研究，支持“健康中国”国家战略。泰康溢彩公卫专项基金充分发挥社会组织在公共卫生研究领域的补充作用，坚定支持各类学术机构的相关科研，助力构筑强大的公共卫生研究及疾病预防控制体系。基金会每年面向社会征集并资助可解决长寿时代下社会公共卫生难题的研究课题。2020 年专项基金资助了 12 个医疗卫生领域课题，2021 年资助了 16 个研究课题。

除了课题资助，泰康溢彩公卫专项基金还支持各专项项目。捐赠 1000 万元资助武汉大学病毒学国家重点实验室开展新冠病毒病原学及防治研究，并紧急发布了 3 个抗疫应急资助项目。2020 年 12 月，捐赠 1 亿元定向用于以华中科技大学同济医学院附属同济医院为主体设置的国家重大公共卫生事件医学中心建设。泰康溢彩公卫专项基金还承办了一场大型“线上 + 线下”国际高端学术论坛——“全球大学领袖论坛”，主办了“中美医疗系统应对新冠病毒疫情”“新冠肺炎中国顶尖专家临床经验分享”“有意义的长寿”等 5 场论坛、支持了 28 场专业国际学术论坛，为国内外顶尖专家学者搭建起公共卫生、医学、病毒学等领域的民间学术交流平台。

随着我国疫情控制局势的慢慢变好以及长寿时代来临，民众对健康的需求将大幅增加，泰康溢彩公卫专项基金要积极扶持年富力强的大健康研究学者开展创新研究，以社会力量推动我国公共卫生、流行病防治和健康医疗慢性病、肿瘤、老年学科的发展，将国家、社会、人民群众的利益结合起来。

项目公益传播中的理念、方法和策略

（一）营造人人参与的公益氛围

这个世界的改变，不是一个人做很多，而是每个人都做一点点。泰康溢彩基金会发起方泰康保险集团，下设保险、资管、医养三大业务板块，五大子公司，拥有5万员工、70万代理人，公益人力资源非常丰富，打造品牌首先要面向广大的“泰康人”，让更多人参与进来，贡献他们的善能量。

每年的8月22日司庆日，也是泰康人的“公益日”。每年在这一天，传递公益理念，表彰公益先进，营造公益氛围，都会掀起一个公益小高潮。2019年8月22日，公益司庆日现场，“有爱的人请上车！”“泰康溢彩号”公益车一亮相，就吸引了泰康员工上车打卡拍照，让他们感受到溢彩就在身边，做好事就找溢彩。

虽然溢彩主要的公益项目是助老，但泰康的年轻员工较多，要让员工们对溢彩有亲近感，没有距离感，而且溢彩倡导的是“让人生的每一段旅程都流光溢彩”的价值观，所以在品牌传播的年轻化方面也做出一些努力。2019年，“溢小彩”小蜜蜂公益IP出现在武汉大健康博览会溢彩展台，瞬间吸引了人们的目光。

“溢小彩”小蜜蜂生动诠释了溢彩的公益理念：

一只阳光开朗、真挚善良的小蜜蜂，对新鲜事物总是充满好奇心。溢小彩每天都和伙伴们一起外出采蜜、传播花粉，将爱和希望传递到更多地方。它最大的心愿就是，让爱充满世界的每一个角落，赋予生命更多的希望和色彩，帮助更多人享有流光溢彩的美好生活。

“溢小彩”的打造通过“仪式感”表达，进一步赋予IP更鲜活的精神属性和个性化价值，通过IP形象和公益活动的有效融合，实现了公益活动影响力的扩大。“溢小彩”小蜜蜂公益IP形象深入人心，不仅吸引更多人参与活动，也会激发他们主动在社交媒体上进行再度传播，进一步提升公益活动的影响力。

打造品牌是为了更好地吸引“泰康人”的参与。品牌是“表”，内核还是要有一套体系。泰康溢彩基金会从成立的那一天起，就非常重视倡导公益志愿文化与人人公益，倡导“泰康人”贡献公益时间和公益行为，鼓励大家成为溢彩先锋志愿者。基金会2019年制定了《志愿者管理办法》，建立了志愿服务信息管理平台，实现注册、组织活动、记录时长等功能。建立激励机制，举办志愿服务培训，推动志愿服务常态化、专业化、可持续发展。泰康保险集团的IT团队组成了“码蚁合唱团”为养老院的老人带去歌声；泰康资产团队为街道社区里的老人讲授“防金融诈骗”知识；泰康之家养老社区的长者们拍卖自己的绘画和工艺作品，向普惠养老机构的老人捐出“乐龄”益智游戏；分布在全国各地的溢彩专员参与到资助项目的考察以及慰问老人的志愿服务中。当然，溢彩志愿体系的完善，还有很长的路要走。

互联网时代下，大家最关注的就是捐助的透明。公益组织能够最大限度地让捐赠人了解每一笔善款的流向，就能得到信赖，一定程度缓解信息不对称带来的信任缺失。对公益组织来说，透明就是信任，信任就是品牌。

泰康溢彩基金会努力打造透明、高效、值得信任的慈善组织，泰康生态体系内的捐赠人可以通过“一分钱的旅程”特定入口，申请发票、查询捐赠去向，让公益捐赠款全流程走向透明，每一分捐赠真实可查，让献爱心变得更简单、更放心。同时打通财务数据与业务数据，实现项目执行全流程闭环管理，提高项目过程管控，降低业务风险。泰康溢彩基金会成为北京首家以系统对接方式成功开具财政电子票据的市属慈善组织，被北京市财政局作为行业的先进样板。

（二）泰康溢彩公益品牌效应初显

与传统公益相比，互联网时代下的公益实践被新的传播方式赋予了更多的力量。从“一网二微一抖三平台”[①] 到公益微电影，新传播方式让公益平台扩宽了视野，将项目实践和新传播方式紧密结合，从而汇聚越来越多的社会力量，共同推动公益事业的发展，真正让生命的旅程流光溢彩。

截至 2021 年上半年，泰康溢彩基金会传播总量超 1 万篇次，包括人民网、新华网、搜狐新闻、《公益时报》《生命时报》等主流媒体对泰康溢彩的公益项目进行过深入的报道。通过主流媒体的传播，泰康溢彩的公益品牌为公众所认可。

泰康溢彩公益项目采用“一网二微一抖三平台”的多渠道多角度的传播方式，在官网、微信公众号、微博、抖音等互联网平台披露信息和开展宣传，扩大品牌社会影响。

2018 年，泰康公益日暨 22 周年司庆新浪移动专题和“泰爱在一起”微博话题累计曝光量超过 6000 万次，点击量超过 76 万次，正面讨论量超过 1 万条，点赞量超过 1.7 万，受到社会舆论场的一片赞誉。

我们身处一个影像革命的时代，创造与存储影像空前便捷。要影响他人，传播公益，我们必须触及其情感。而要做到这一点，我们需要借助影像的力量，恰当的影像能传达有力的信念。这正是泰康溢彩基金会每年坚持输出公益微电影的由来。泰康溢彩基金会自成立以来，每年都会摄制一期纪录短片《泰

① “一网”指溢彩官网，“二微”指微博和微信，“一抖”指抖音，“三平台”指志愿者管理平台、财务管理平台和项目管理平台。

康溢彩这一年》，在每年的 8 月 22 日——泰康公益司庆日上首映。短片通过不同的场景展现基金会在这一年中承担的公益使命和社会责任。

2020 年 9 月 27 日，在山东省潍坊市峡山举办的第四届中国金风筝国际微电影节上，由泰康溢彩基金会选送的《2019，泰康溢彩这一年》荣获十佳公益微电影奖。记录溢彩公益实施过程的系列作品，迄今为止已完成三部曲。没有宏大叙事，没有主题先行，创作者用镜头深入那些与溢彩结缘的机构，与那里的人们同行，捕捉质朴温情的闪耀瞬间，凝练成胶片上的隽永印记。

《2019，泰康溢彩这一年》是三部曲中的第二部，作品采用双线交叉叙事，讲述了四川省绵阳市三台县新生敬老院的羊大爷与北京市丰台区南苑社会福利中心的护理员杨军的故事，以及一年来泰康溢彩以及泰康志愿者为他们和所在机构带去的改变。

四川省绵阳市三台县新生敬老院是泰康在四川援建的四所敬老院之一，成了羊大爷和周围乡镇 60 多位“五保户”老人的新家。羊大爷的弟弟偷偷搬走了，新生敬老院成了他唯一的依靠。聋哑老人余大爷用巧思和手艺制作的烟袋在泰康的司庆义卖活动上拍出了最高价格，拍卖所得款连同其他义卖所得以及多方善款定向用于新生敬老院，提高了老人们的生活水平。溢彩的工作人员给老人们准备的坝坝宴，更是体现了溢彩对公益的真诚和用心。入住南苑社会福利中心 70% 的老人都是失能失智的，这对中心的护理水平和医护水平都有较高的要求，溢彩看到了老人的不易，也看到了护理人员的辛苦和坚持，为福利中心捐赠了护理床等物资，而护理床的到来让院长和护理员兴奋不已。

从城市到乡村，从内地到高原，无论走过多长的路，无论走到多远的未来，让每一个生命都能够有尊严，让每一场人生的旅程都流光溢彩，是泰康溢彩对美好生活的向往，更是泰康人不变的初心情怀！

总结和思考

2021 年 10 月 18 日，长寿时代 · 泰康第 20 届世纪圣典高峰论坛在泰康集团大厦成功举办。产学研界嘉宾齐聚，共话长寿时代的机遇与挑战。泰康保险集团创始人、董事长兼首席执行官陈东升在论坛上发表了“长寿时代，商业向善”的主题演讲，系统阐述时代变局带来的机遇、挑战及企业应对方案。陈东升表示，长寿时代一定会带来一个健康时代，我们要推动一场养老革命，降低大家的养老成本。

陈东升所著的《长寿时代：从长寿、健康、财富的角度透视人类未来》是一本研究人口问题与经济发展、企业商业模式关系的大书，其中融合了多学科、多行业、多专业的研究与思考。生育率下降与预期寿命延长两大人类自身的变局，构成陈东升所概括的“长寿时代”的主要特征。他提出要“站在未来看未来”，相信人类能够应对未来的挑战。

从打造高品质泰康之家养老社区实现“富足而退，优雅老去”，到成立泰康溢彩基金会，用公益的力量应对老龄化挑战，赋能养老机构发展，进而改变国人的养老方式，让“养老”变“享老”，泰康作为养老产业的先行者，在健康中国已经上升为国家战略的今天，走出了一条解决全社会养老问题的探索之路。

泰康溢彩基金会还是一家年轻的公益基金会，成立仅仅几年时间。新时代，新挑战，也迎来了新的机遇。当前，“共同富裕”成为中国新发展阶段的重要使命，泰康将继续履责前行，积极回应时代命题，为人民的美好生活贡献更多力量。